100세 시대
茶와의 동행

茶와 건강

100세 시대, 茶와의 동행
茶와 건강

초판 1쇄 발행 2024년 1월 4일

지은이 김종욱
펴낸이 장길수
펴낸곳 지식과감성#
출판등록 제2012-000081호

교정 주경민
디자인 서혜인
편집 서혜인, 김초롱, 강샛별
검수 정은솔, 이현
마케팅 김윤길, 정은혜

주소 서울시 금천구 벚꽃로298 대륭포스트타워6차 1212호
전화 070-4651-3730~4
팩스 070-4325-7006
이메일 ksbookup@naver.com
홈페이지 www.knsbookup.com

ISBN 979-11-392-1541-0(03590)
값 14,000원

- 이 책의 판권은 지은이에게 있습니다.
- 이 책 내용의 전부 또는 일부를 재사용하려면 반드시 지은이의 서면 동의를 받아야 합니다.
- 잘못된 책은 구입하신 곳에서 바꾸어 드립니다.

지식과감성#
홈페이지 바로가기

茶

100세 시대, 茶와의 동행

茶와 건강

김종욱 지음

TEA Culture China

지식과감성#

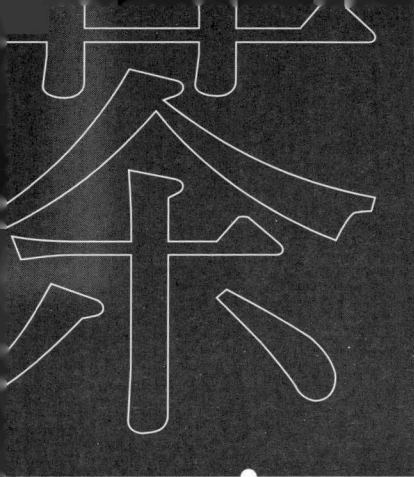

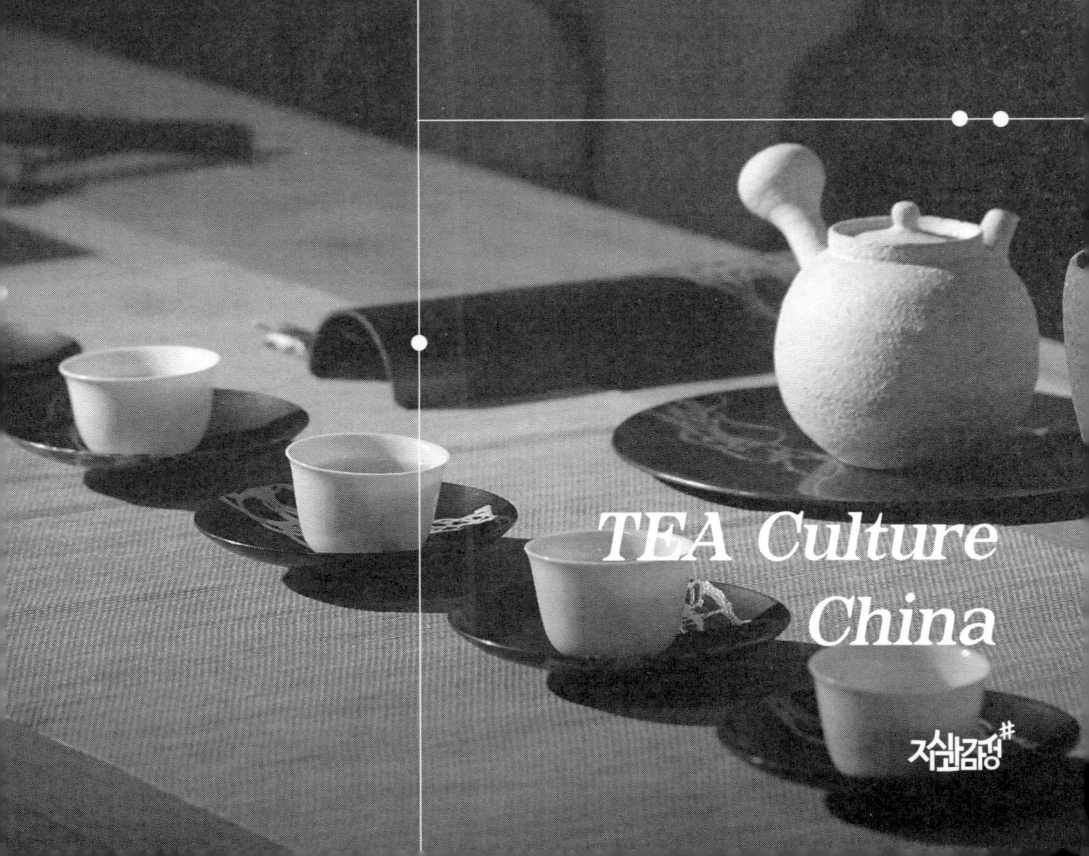

들어가면서

　지구가 탄생하고 현생 인류가 지구상에 출현하면서 우리 인류에게 지금까지 가장 많이 회자되고 변하지 않는 화두가 있다면 바로 '건강하게 오래 사는 것'이 아닐까 싶다. 천하를 호령하는 진시황이 그랬듯 누구나 다 건강하게 오래 살고 싶은 욕망과 바람을 가지고 있을 것이다. 무병장수는 인류의 역사적 과제이자 인류사에서 가장 중요한 문제이며 우리 인류에게 있어서 불변의 화두라고 할 수 있다.

　의학의 발전과 더불어 현재 100세 시대를 살아가는 우리지만 반드시 축복만은 아닐 것이다. 평균 수명은 연장되었지만 반면에 병상에서 여러 병마와 질병의 고통 속에서 수명을 그저 연장하고 있지는 않는지 돌아봐야 한다.

　무엇보다도 중요한 것은 **건강하게 오래 살아야 하는 것**이다.

중국 사람들의 건강 철학은 의외로 남다르다. 우리 한국보다는 열악한 의료 시스템에서 그 많은 중국인들의 평균 수명은 우리와 크게 다르지 않다. 중국은 실내뿐만 아니라 실외에서도 별다른 장비나 기구 없이 운동을 할 수 있는 여건이 아주 잘 조성되어 있다.

오전 시간에 공원에서 태극권을 즐기는 사람들, 저녁 시간 동네 구석구석에서 여럿이 함께 어울려 추는 광장무, 공원마다 삼삼오오 모여서 탁구를 치고 배드민턴을 하고 걷고 뛰는 사람들, 대학에서는 방과 후 체육관 및 운동장에 가득한 학생들의 모습은 중국에서 흔히 볼 수 있는 모습이다.

어떻게 보면 우리보다 더 열광적으로 운동을 한다고 볼 수 있다. 중국 사람들의 건강에 대한 철학은 운동뿐만 아니라 먹는 것, 입는 것, 하는 것 등 그 모든 것에 이 건강 철학이 포함되어 있어 일체의 생활 규범을 규칙적으로 음양의 조화에 따르면 몸이 건강하고 질병을 예방하여 장수할 수 있다고 한다.

중국 사람의 건강 철학, 즉 '양생법'은 정말 사람들이 경탄할 만큼 풍부하고 발전되어 있다. 중국의 양생법은 심신 단련을 목적으로 하는 중국 전통 학문의 일종으로 각종 수단과 방법을 통하여 심신을 건강하게 단련하여 건강한 삶을 유지하게 하는 것이다.

중국의 전통적인 양생 이론과 방법은 전통 문화의 기초 위에서 세워졌고 중국철학의 기일원론(氣一元論)과 음양오행학설(陰陽五行學說) 등으로 주도적인 사상을 삼고, 정기신(精氣神)과 경락학설(經絡學說)을 기초 이론으로 삼아 도인(導引), 기공(氣功), 무술 등 각종 심신 단련술을 하나로 융합하여 구성한 전통 양생 체계이다.

중국 사람들에게 양생이란 신체의 균형을 파괴하지 않고 음양과 생리 균형을 유지하기 위하여 몸을 다스리는 것을 말한다.

중국은 고대로부터 건강하게 무병장수하는 삶을 위해 일상에서 지켜야 할 생활습관들이 양생법이라는 이름으로 전해져 왔다.

중의학적인 양생의 원리는 도가사상이 기초가 되었으며, 치료의 원리는 유가사상이 기초가 되었다. 이러한 이유로 중의학은 도가사상을 기초로 한 유가사상으로 이루어졌다고 볼 수 있으며, 양생은 모든 건강관리와 건강치료에 기초가 된다고도 말할 수 있다. 이러한 중의학적 양생은 자생력을 키워 질병을 예방하거나 간접적으로 질병을 다스리며 인체의 건강 유지를 위한 것이라고 한다.

중국에서는 의식주 대신 식의주(食衣住)라는 말이 보편적으로 쓰일 정도로 중국인들은 식생활 향상에 가장 먼저 신경을 쓴다. 그러나 예로부터 중국인의 음식 섭취 목적은 단순히 맛있는 음식을 탐하는 것이 아니라 건강과 장수에 초점을 두고 있다. 이러한 특성은 약식동원(药食同源)이라는 용어로 설명할 수 있는데, 의약과 음식은 본래 그 뿌리가 하나라는 의미로 중국에서는 음식으로 몸을 보신하고 병을 예방하여 치료하고 장수한다는 인식이 보편화되었다.

중국 사람들의 건강 유지법을 중국의 전통 사상과 어울려 여러 방향으로 발전을 해 왔다. 건강을 유지하기 위해서 여러 가지 방법이 있겠지만, 이 책에서는 특히 《황제내경》의 배경하에 생활 속에서 생활의 일부로 차를 가지고 중국 사람들이 건강을 유지하는 방법을 소개하고자 한다.

차는 생활 속의 음료로, 건강의 음료로, 대인 관계의 수단으로, 수행의 수단으로 아주 오래전부터 우리와 같이해 왔다. 특히 요즘 들어 차의 좋은 효능에 대해서 많은 연구들이 발표되고, 생활수준의 향상과 더불어 웰빙, 슬로우 라이프 등의 영향으로 많은 사람으로부터 사랑을 받고 있다. 하지만 차가 무엇인지, 어떻게 마셔야 하는지, 어떻게 우려야 하는지 기초적인 내용도 잘 이해하지 못하는 경우가 많다. 그래서 이 책을 통해서 차에 대한 여러 가지 진실과 오해를 바로 잡고 올바른 음차 방법을 통하여 건강한 차 생활을 유지할 수 있으면 하는 바람이다.

중국에서 20년 가까이 차를 연구하고 접하고 있지만 아직 너무나 방대한 중국차와 문화에 놀라움을 금치 못할 뿐이다. 얄팍한 소견으로 중국차를 소개하고 있지 않나 하는 우려의 마음도 있다. 하지만 차를 연구하는 학자로서 내가 공부하고 연구한 내용을 한번 정리해야겠다는 마음으로 이 책을 출판하게 되었다.

너무 전문적인 내용보다는 일반인들이 좀 더 쉽게 다가갈 수 있도록 나름 정리를 한다고는 했는데 다소 미흡하고 모자란 부분들은 많은 전문가들의 조언을 기다린다. 또한 한국에서도 건강 음료로서 건전한 차 문화가 정착될 수 있기를 바란다.

한자는 참고용으로 번체자(繁體字)와 간체자(简体字)를 혼용으로 사용했다.

이 책 출판에 도움을 주신 화남농업대학 차(茶)학과 황아휘(黄亚辉) 교수께 감사드린다. 늦은 나이에 박사 공부에 힘을 실어 준 우리 가족들에게도 감사의 마음을 전한다.

목차

들어가면서　　　　　　　　　　　　　4

서문 | 건강이란?　　　　　　　　　18

Chapter 1. 차는 무엇일까?

1. 차의 정의　　　　　　　　　　　　30
2. 차나무의 생장 환경　　　　　　　　32
3. 차나무의 분류　　　　　　　　　　33

Chapter 2. 차의 기원

1. 차나무의 기원　　　　　　　　　　41
2. 차 이용에 관한 기원　　　　　　　　44
3. 차나무의 인공 재배에 관한 기원　　50

Chapter 3. 차의 영향

1. 차의 세계 전파   56
2. 생산 지역   58
3. 차의 생산량   59
4. 차의 수출 국가   60
5. 차의 수입 국가   61
6. 음용 차 지역   61
7. 국가별 차 소비량   62
8. 세계 각국의 차 문화 탄생   63
9. 세계사를 바꾼 차   64

Chapter 4. 차의 분류

1. 차의 분류 방법   68
2. 채엽 시기에 의한 분류   69
3. 완성된 차의 모양에 의한 분류   71
4. 차나무 생장 환경에 의한 분류   72
5. 발효 정도에 의한 분류   73
6. 발효의 정도와 색깔에 의한 분류   74

Chapter 5. 차의 성분과 효능

1. 약리적 효능   82
2. 생리적 효능   89
3. 사회적 효능   92

Chapter 6. 차의 선택, 우리기 및 보관

1. 차의 합리적 선택   96
2. 물의 선택   98
3. 다구의 선택   100
4. 차 우리기   103
5. 차의 보관   105

Chapter 7. 과학적 음차(차 마시기)

1. 계절에 따른 차 마시는 방법   112
2. 감정에 따른 차 마시는 방법   114
3. 음식에 따른 차 마시는 방법   116
4. 시간에 따른 차 마시는 방법   118
5. 체질에 따른 차 마시는 방법   120

Chapter 8. 차와 궁합이 좋은 것과 주의 사항

1. 차와 궁합이 좋은 건강차   126
2. 맛과 향을 더 풍미롭게 하는 꽃차   128
3. 차를 마실 때 주의 사항   130
4. 차를 마시는 양   132
5. 차와 관련된 좋은 글귀   134

나가면서   138

부록 #1. 보이차 이해

1. 보이차의 정의 　　　　　　　143
2. 보이차의 역사 　　　　　　　144
3. 보이차의 분류 　　　　　　　146
4. 보이생차와 보이숙차 비교 　　147
5. 보이차의 효능 　　　　　　　148
6. 운남 4대 보이차 산지 　　　　149
7. 보이차 선택 방법 　　　　　　150

부록#2. 중국 10대 명차

1. 서호용정(西湖龙井) 　　　　　152
2. 동정벽라춘(洞庭碧螺春) 　　　156
3. 황산모봉(黄山毛峰) 　　　　　159
4. 군산은침(君山银针) 　　　　　163
5. 신양모첨(信阳毛尖) 　　　　　166
6. 기문홍차(祁门红茶) 　　　　　169
7. 육안과편(六安瓜片) 　　　　　171
8. 도균모첨(都匀毛尖) 　　　　　174
9. 무이암차(武夷岩茶) 　　　　　177
10. 안계철관음(安溪铁观音) 　　 181

부록 #3. 중국 지역별 유명 차 목록
(全國各省產茶名錄)

186

부록 #4. 중국 육대차별 유명 차 목록

194

참고 자료   198

서문

서문

건강이란?

세계보건기구(WHO)에서는 건강을 '육체적, 정신적, 사회적으로 완전히 양호한 상태에 있는 것이며 단지 질병 또는 허약이 아니다. 인종, 종교, 정치적 신조, 경제 상태의 여하를 불문하고 가능한 한 최고의 건강 수준을 향수하는 것은 모든 인간의 기본적 권리다.'라고 규정하고 있다.

건강의 정의

건강이란 단순히 질병이나 질환이 없는 것이 아니라
육체적, 정신적, 사회적으로 완전히 양호한 상태에 있는 것이다.

 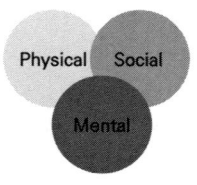

Magna Carta for Health of [WHO]
Health is a state of complete physical, mental and social well-being and not merely the absence of disease or infirmity.

1946년 뉴욕에서 개최된 국제보건회의에서 채택된 헌장, 그 뒤 1960년의 제20회 세계보건기관총회에서 수정 결의된 헌장은 세계보건기관의 목적, 기능, 구성, 조직, 총회, 이사회, 위원회, 지역위원회 예산 등을 명시했으며 총 19장 82항목에 이른다. 그 전문에 건강에 관해 기재하고 있는데 이는 모든 인간의 행복, 조화, 안전과 일치한 이념을 말하고 있다.

　　그런데 **동양의학에서 정의하는 건강의 개념**은 사뭇 다르다.
　　인체 건강은 음양의 조화와 평형 상태를 말하는 것으로 동양의학에서는 음양의 부조화를 질병으로 보고 인체 음양의 부조화를 침구 요법, 음식 및 기공 요법 등을 통해 음양을 조절하는 것을 질병 치료 및 예방법이라고 규정하고 있다

　　동양의학에서는 인간을 자연의 축소판이라고 보는데 우주와 인체는 하나로 즉 천인합일(天人合一), 서로 유기적으로 상호작용을 한다고 한다. 인간도 하나의 작은 우주라고 생각하고 인간 안에 거대한 우주가 존재한다고 한다.

　　'하늘이 생기고 땅이 생긴 후에 사람이 생겼다.' 하여 하늘과 땅과 사람, 즉 천·지·인(天地人)을 삼재(三才)라고 하는데 인간은 하늘(양)과 땅(음)의 복합체로 사람은 하늘에서 공기(양)를 마시고 땅에서 나는 음식(음)을 먹고 살기 때문에 음양인이라 한다. 사람이 죽으면 다시 음인 땅으로 돌아간다.

그래서 동양의학에서는 건강의 정의는 음양의 조화, 즉 평형 상태이고 음양의 평형이 깨져서 조화롭지 못하면 질병이 온다고 한다. 그래서 자연의 섭리에 거르지 않고 자연과 잘 순응하는 생활과 습관 등이(順其自然: 순치자연) 중요하다고 한다.

음양오행《黃帝內經》天人合一, 順应天地
인간은 음양을 지닌 자연의 축소판 • 인간은 우주(자연)의 축소판 • 인간은 하늘(양)과 땅(음)의 복합체
동양의학적 건강과 질병 • 건강: 음양의 조화, 평형 상태 • 질병: 음양의 부조화 상태

중국 사람의 건강과 관련된 철학의 그 이론적 근거에는《황제내경(黃帝內經)》이 자리 잡고 있다. 중국 사람들이《황제내경》을 직접 배우지는 않지만 그들이 생활 속에는《황제내경》의 건강 철학이 고스란히 배어 있다.

중국인들은 수천 년의 역사를 거쳐 오면서 그들만의 경험으로 축적된 경험 철학이자 의학서인《황제내경》은 지금까지 중의학의 필독서로 읽히고 있다.

《황제내경(黃帝內經)》은 중국 고대 전설 속의 삼황오제(三皇五帝) 중 하나로 알려진 황제(黃帝)와 그의 의관인 기백(岐伯) 등 여섯 명의 명의들이 문답하는 형식으로 짜여 있는데 그 책이 기록된 기원에 대해서는 여러 가지 학설이 있고 삼황오제에 대해서도 여러 가지 학설이 존재한다.

소문(素問)과 영추(靈樞) 두 부분으로 나뉘어 각각 9권 81장으로 구성되어 있으며, 중국 최초의 의학 서적으로《난경(難經)》,《상한잡병론(傷寒雜病論)》,《신농본초경(神農本草經)》과 함께 중국 전통 4대 의학 경전 중 으뜸이다.

고대 중국인의 생활 현상 관찰, 많은 임상 실습 및 해부학 지식에서 비롯된 것으로 오랜 경험을 바탕으로 한 경험 철학으로 인간의 생리, 병리, 질병의 진단 및 치료에 대한 이해의 기초를 마련했으며 양생의 이론과 비결, 생명의 문제를 다룬 의학 백과사전으로 동양의학의 조상이자 동양 철학의 기초라고 할 수 있다.

> 참고
> * 삼황(三皇): 복희, 신농, 여와.
> * 오제(五帝): 황제(黃帝), 전욱(顓頊), 제곡(帝嚳), 요(堯), 순(舜).

《황제내경》의 양생법은 우리나라에도 많이 소개되어 있다. 그중 건강, 장수와 관련된 내용을 문답 형식으로 간단히 정리해서 요약해 보면 아래와 같다.

Q1. 인간의 보통 수명(자연 수명)은 몇 살일까?

《황제내경》 첫 장인 상고전진론 제일(上古天真论第一)에서 그 답을 찾을 수 있다. 황제(黃帝)가 의관인 기백(岐伯)에게 묻기를 "내가 들으니 상고(上古) 시대의 사람들은 백 세를 넘어도 동작이 쇠하지 않았는데 지금 사람들은 나이가 오십인데도 동작이 모두 쇠한 것은 지금의 세상이 다르기 때문인가? 아니면 사람들이 스스로 그 도(道)를 잃었기 때문인가?"

기백(岐伯)이 답하기를 "상고(上古) 시대의 사람은 그 도(道)를 알아서 음양(陰陽)을 법칙으로 삼고 술수(術數)에 화합하여 먹고 마시는 것에 절도가 있고 기거(起居)가 떳떳함이 있으며 망령되이 수고로움을 짓지 않는 까닭에 능히 형(形)과 신(神)이 함께 갖추어져 그 천수(天壽)를 다하여 마치고 백 세를 지나서야 이에 죽습니다. 지금 사람들은 그렇지 않아서 술을 음료로 삼고 망령됨을 떳떳함으로 여겨 취한 채로 입방(入房)하여 그 정(精)을 고갈시키고, 그 진기(眞氣)를 소모시켜 흐트러뜨리고자 하여 가득함을 지킬 줄 모르고 때에 맞추어 정신을 다스리지 않아 그 마음을 기쁘게 하는 데만 힘쓰고, 삶의 진정한 즐거움을 거슬러 기거(起居)에 절도가 없으므로 오십 세가 되면 쇠약해집니다."

여기서 볼 때 아마 상고 시대 사람들은 자연의 음양법칙에 순응하며 백수를 누렸던 것 같다. 하지만 지금의 사람들은 음양의 도리를 따르지 못해 오십 세만 되어도 쇠약해진다고 한다.

Q2. 어떻게 하면 건강하게 오래 살 수 있을까?

현대에서는 건강하게 살기 위한 6가지 조건으로 공기, 물, 좋은 음식, 적당한 운동, 충분한 수면, 맑은 정신을 들고 있다.

《황제내경》에서는 자연과 순응하는 삶, 즉 해가 뜨면 일어나고 해가 지면 자고, 때가 되면 먹고, 병이 온 후에 치료보다는 병이 내 몸에 오지 않도록 관리를 잘하는 것이 아주 중요하다고 하겠다. 그래서 병이 오는 원인을 잘 알고 미리 그것을 방지하면 건강하게 오래 살 수 있다고 한다.

Q3. 병이 내 몸에 오는 원인은?

보통 동양의학에서는 몸에 병이 생기는 근원을 "병인육음칠정(病因六淫七情)"이라고 하여 외부에서 오는 여섯 가지 음탕한 기운을 육음이라 하며 내부에서 오는 일곱 가지를 칠정이라고 한다.

그래서 육음과 칠정을 잘 조화롭게 다스리면 병의 근원을 미리 봉쇄한다고 할 수 있다.

보통 동양의학에서는 몸에 병이 생기는 근원을 학자마다 다른 견해를 가지고 있는데 그 성질에 따라 육음(六淫), 역려(疫癘, 전염성 질환), 칠정(七情), 음식노권(飮食勞倦), 방실부절(房室不節, 남녀 성관계의 부절제), 창상(創傷) 및 충수(蟲獸)에 의한 상해, 충적(蟲積, 기생충), 중독(中毒), 유전(遺傳) 등 아홉 가지로 분류한다. 이 아홉 가지의 병인을 다시 크게 세 가지로 분류하여 삼인설(三因說)이라고 하는데 내인(內因)과 외인(外因) 그리고 불내외인(不內外因)의 세 가지이다. 이 삼인설(三因說)은 송대(宋代)로부터 현재까지 가장 대표적인 병인설로 사용되고 있다.

외인(육음): 풍(風), 서(暑), 조(燥), 한(寒), 습(濕), 화(火)
내인(칠정): 희(喜), 노(怒), 우(憂), 사(思), 비(悲), 공(恐), 경(驚)
불내외인: 사고, 중독 등

육음(六淫)

병을 일으킬 때 보통 계절, 기후, 거주 환경과 관계되는 것이다. 일반적으로 사(邪)라고 한다. 자연의 섭리로서 봄에는 풍병이 많고, 여름에는 서병, 음력 6월인 장마철에는 습병이 많고, 가을에는 조병, 겨울에는 한병이 많다.

풍(风), 간에 들어가면 질병이 발생하게 된다.
서(暑), 소장에 들어가면 질병의 발생 원인이 된다.
조(燥), 폐에 들어가면 질병이 발생하게 된다.
한(寒), 신장으로 들어가면 질병 발생 원인이 된다.
습(湿), 비장에 들어가면 비습이 된다.
화(火), 심장에 들어가면 화병이 된다.

풍사(風邪, 간): 일반적으로 봄이 되면 날씨가 따뜻해지며 바람이 많이 부는 계절로 이런 변화에 잘 적응하지 못하면 바람으로 인해 질병이 생기게 되는데 특히 간과 관련된 질환이 많이 발생하며 중풍, 통풍 등을 유발한다. 봄이 오면 유난히 졸리고, 나른하면서 하품을 자주 하고, 힘이 없고 피곤을 느끼는 사람이 많다. 이러한 춘곤증을 느끼게 되는 가장 큰 원인은 인체가 봄의 계절적 변화에 제대로 적응하지 못하기 때문이다.

서사(暑邪, 위장): 계절적으로 여름과 관계가 있는 것으로 무더운 날씨로 이 더운 기운을 잘 다스리지 못하면 위장의 기능을 상하게 하는데 속이 매슥거리고 어지럽고 소화가 잘 되지 않는다. '더위를 먹는다.'라는 말이 있는데 여름의 계절적 변화에 잘 적응하지 못할 때 사용하는 가장 대표적인 말로 볼 수 있다.

조사(燥邪, 폐): 계절적으로 가을과 관계되는 것으로 가을이 되면 햇살은 따뜻하고 일교차가 심한 영향으로 날씨가 매우 건조하다. 이때 가을의 변화에 잘 적응하지 못하면 면역력이 떨어지고 특히 폐의 기능을 상하게 하는데 기침, 천식 등의 증상이 나타나고 건조함으로 인한 피부질환 및 안구건조증 등이 많이 발생한다.

한사(寒邪, 신장): 사계절 중 겨울과 밀접한 관계한 있는 것으로 겨울에 추위를 잘 다스리지 못하면 감기, 독감 등 다양한 질병을 유발하는데 특히 신장의 기능을 상하게 한다. 성기능의 감퇴, 추운 날씨로 인해 혈관이 수축되어 혈액순환의 저하로 각종 통증을 유발하며 심장마비, 뇌졸중 같은 질환이 많이 발생한다.

습사(湿邪, 비장): 계절적으로는 장마 기간에 습기로 인해 많은 질병이 발생하는데 인체가 습한 환경에 장시간 노출되어 있으면 비장의 기능을 상하게 한다. 특히 습창, 습진 및 몸이 붓거나 종기 등이 많이 발생하고 비만의 원인이 되기도 한다. 또한 물속에서의 작업, 물가에서 장시간 노출, 비를 많이 맞거나 주거지가 습하다는 등의 원인에 의해서도 많이 발생한다.

화사(火邪, 심장): 인체가 고온 환경에 장시간 노출되면 심장의 기능이 상하게 되어 심장이 두근거리고 화병(울화통) 등의 질병이 발생한다. 인체의 진액을 말리고 열적 증상을 유발한다.

칠정(七情)

인간의 7가지 감정을 나타낸 것으로 지나친 감정의 변화는 신체의 변화를 야기하고 음양의 불균형을 초래하여 질병이 발생하게 된다.

희(喜): 기쁨이 과하면 심장에 무리가 오고, 심혈 순환이 잘 안 되는 경우가 많다.

노(怒): 노여움이 과하면 간, 담에 무리가 오고, 쉽게 피로를 느낀다.

우(忧): 근심이 과하면 폐, 비장, 대장에 무리가 온다.

사(思): 생각이 너무 깊으면 비장, 위에 무리가 오고, 소화 기능이 약화된다.

비(悲): 과도한 슬픔은 폐를 상하게 한다. 호흡기 질환 등이 생긴다.

공(恐): 무서움이 지나치면 신장, 방광에 무리가 오고, 심한 공포를 느낄 때 소변 지리는 현상이 발생한다.

경(惊): 과도한 놀람은 신장을 상하게 한다.

그래서 육음과 칠정을 잘 다스리면 병의 근원을 미리 막을 수 있어 건강하게 오래 살 수가 있다고 한다. 과유불급이라 모든 일에는 정도가 지나치면 화를 입는다는 기본 원리이다.

중국 사람들은 양생철학이나 건강철학을 따로 배우지는 않지만 일상생활 속에서 나름대로의 방법을 찾아 실천하고 있는 것 같다.

《황제내경》에서 말하는 건강은 자연의 음양법칙에 잘 순응하며, 병이 오기 전에 그 원인을 잘 찾아내어 미리 예방하는 것에 그 초점이 맞춰져 있다고 볼 수 있다.

Chapter 1.
차는 무엇일까?

Chapter 1. 차는 무엇일까?

1. 차의 정의

차는 커피, 코코아와 함께 3대 무알콜 음료 중의 하나이며 역사가 가장 오래된 음료이다. **차는 차나무의 잎을 가공하여 달이거나 우려낸 것**이며 차나무는 식물학적 분류로는 종자식물에 속하는데 산차과(山茶科)에 속하는 식물로 학명은 카멜리아 시넨시스(Camellia sinensis)이다. 차는 스웨덴의 식물학자 린네(Carl von Linne)의 저서인《식물의 종(Species Plantarum), 1753년》에서 최초로 학명이 붙여진 이래 야생종에서 재배종까지 중국에서만 700여 종, 전 세계적으로는 1,000여 가지가 넘는 종류의 차나무가 자라고 있다. 그 기원은 약 7,000~6,500만 년 전으로 추정하고 있으며, 발생지는 여러 가지 학설이 있으나 일반적으로 차 학계에서는 중국의 사천, 운남, 귀주 등의 서남부에서 미얀마와 인도의 동북쪽에 이르는 아열대 지역을 차나무의 발생지로 보고 있는 것이 지배적이다. 차의 생산지는 중국, 인도, 케냐, 스리랑카, 한국, 일본, 동남아시아 등 지구상의 광범위한 지역에서 자라고 있으나 남위 16도에서 북위 32도 사이에 차나무의 재배가 집중되어 있다.

茶:

茶是山茶科的植物, 取青叶进行加工而得。

1. 常绿木本植物。嫩叶加工后就是茶叶。是我国南方重要的经济作物。
2. 用茶叶做成的饮料: 喝~。品~。
3. 某些饮料的名称: 奶~。果~。

차:

차나무의 잎을 가공하여 만든 음료.

1. 차나무의 어린잎을 달이거나 우린 물.
2. 식물의 잎이나 뿌리, 과실 따위를 달이거나 우리거나 하여 만든 마실 것을 통틀어 이르는 말. 인삼차, 생강차, 칡차 따위가 있다.
3. [식물] 차나뭇과의 상록 활엽 관목. 잎은 긴 타원형인데 두껍고 윤이 난다.

Canellia   **sinensis**
⇩   ⇩
Genus   Species
속명: 산차   **종명: 중국종**

품종: 약 1,000여 종(중국 700여 종)
기원: 약 7천만 년 전
수명: 다년생(몇백 년~몇천 년)
개화 시기: 10~12월

Camellia sinensis (L.) Kuntze

2. 차나무의 생장 환경

　차나무의 재배 조건으로는 연평균 기온이 약 15도 정도, 강우량 약 1,500밀리미터, 햇볕이 잘 드는 약산성의 토양이 최적의 조건이다.
　차나무의 잎은 일 년 내내 푸른 상록관엽수로 찻잎은 두꺼우며 타원형으로 잎의 둘레에 톱니 모양이 있다. 꽃은 지역에 따라 약간의 차이가 있지만 보통 10~12월에 흰색 또는 연분홍색 꽃이 피고, 열매는 다음 해 10~12월에 맺는다. 꽃과 열매가 함께 맺히는 실화상봉수이다. 그 수명은 몇백 년에 이르는 다년생 식물이지만 경제 수명은 60년 정도이다.

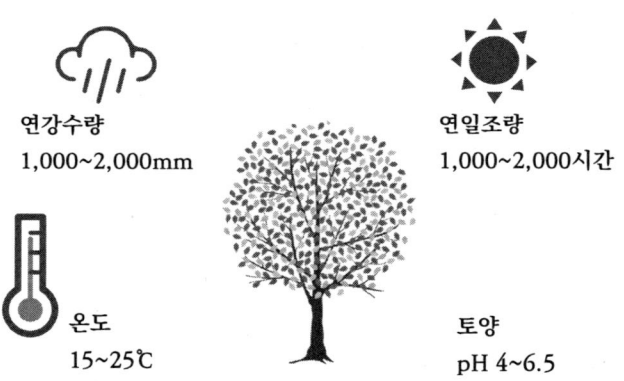

3. 차나무의 분류

차나무의 분류 방법은 보는 학자에 따라 여러 가지로 분류할 수 있는데 생산 지역에 따라 중국종, 인도종, 환경에 따라 야생종, 재배종 등으로도 분류하고 가장 대표적인 것으로 분류하는 방법은 차나무의 **크기와 형태, 찻잎의 크기, 찻잎의 발아 시기에 따라** 세 가지로 나눌 수 있다.

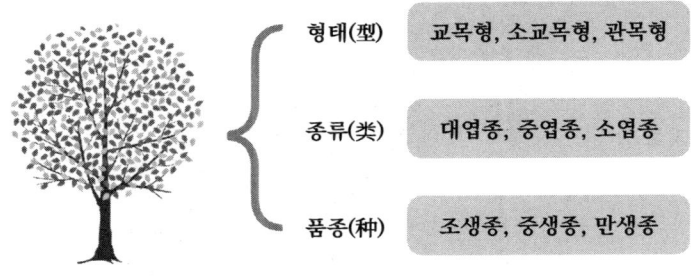

1) 차나무 크기 및 형태에 따른 분류:
일반적으로 나무의 크기에 따라서 교목, 소교목, 관목으로 분류하지만 엄격하게 말하면 사진처럼 그 형태에 따라 분류한다.

교목: 밑동이 하나로 나와서 가지가 뻗어 나가는 형태로 키가 20~30미터에 달하는 것도 있으며, 지리적으로 중국의 서남부 지역(운남, 사천, 귀주)을 비롯한 인도를 포함한 동남아 지역에 많이 분포한다. 원시 형태의 차나무라 말할 수 있다.

소교목: 땅에서 밑동이 하나로 뻗어 나오는 것은 교목형과 같은데 그 키가 교목형보다도 더 작은 것을 말한다. 지리적으로 중국의 강남 지역

과 화남 지역 및 서남 지역에 주로 분포한다.

관목: 밑동에서 바로 여러 가지가 줄기가 뻗어 나오는 형태로, 지리적으로 중국 대륙과 일본, 한국에 가장 널리 분포하고 있으며 보통 키는 1미터 50센티미터 정도로 관리가 아주 쉬운 형태다.

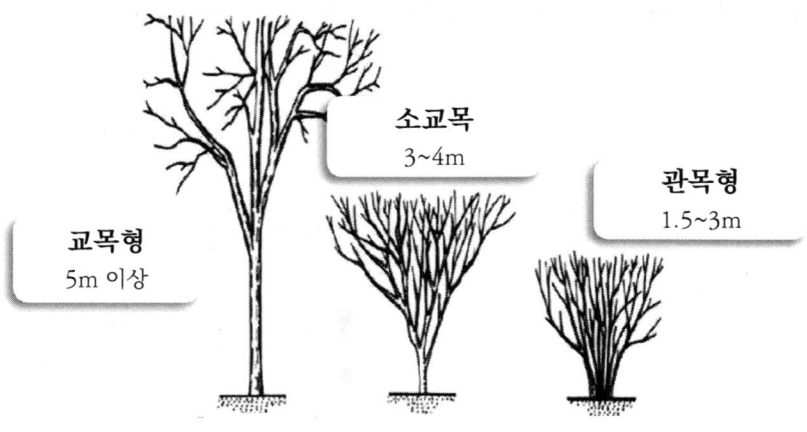

2) 찻잎의 크기에 따른 분류:

일반적으로 소엽종과 중, 대엽종의 구분 방법은 찻잎의 면적으로 구분한다.

계산 공식: 찻잎의 가로 × 찻잎의 세로 × 0.7

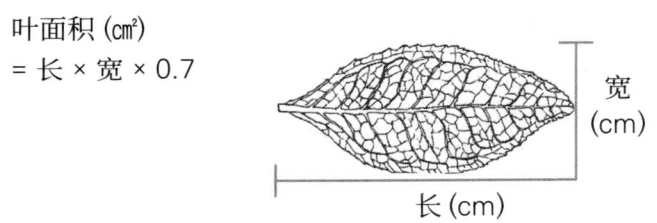

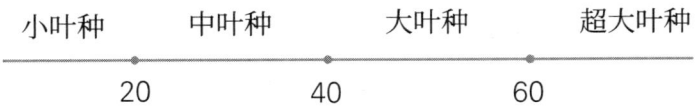

잎 면적 60제곱미터, 특대엽종
잎 면적 40~60제곱미터, 대엽종
잎 면적 20~40제곱미터, 중엽종
잎 면적 20제곱미터, 소엽종

교목형 대엽종: 중국의 운남성의 서남부 지역 및 인도의 북동부 지역 등 아열대 기후 지역에 크게 분포하고 있으며, 보이차가 가장 대표적인 교목형 대엽종이다.

소교목형 중엽종: 중국의 복건성 일부와 광동성 지역에서 많이 분포되

어 있으며 여기서 생산되는 차는 우롱차가 대표적이라고 볼 수 있다.
관목형 소엽종: 중국의 절강성 지역을 포함한 중국의 중부 지역에서 분포되어 있으며, 중국에서 생산량 및 소비량이 가장 많은 차로 대부분의 녹차가 관목형 소엽종 품종이라고 볼 수 있다. 한국과 일본에서 재배되는 녹차의 대부분도 관목에 속하는 소엽종이다.

3) 찻잎의 발아 시기에 따른 분류:

조생종: 첫물차를 따기까지 적산온도가 400도 이하로 보통 3월 말에서 4월 중순까지 비교적 일찍 발아가 되는 종이다.

중생종: 첫물차를 따기까지 적산온도가 400~500도 정도로 보통 4월 말부터 5월 초까지 발아가 시작하는 종이다.

만생종: 첫물차를 따기까지 적산온도가 500도 이상으로 보통 5월 중순 이후 비교적 늦게 발아하는 종이다.

* 적산온도: 작물의 생육에 필요한 열량을 나타내기 위한 것으로서 생육 일수의 일평균기온을 적산한 것.

| 조생종 3月末~4月初 | 중생종 4月中~5月初 | 만생종 5月份 |

차는 무엇일까?

차나무의 잎을 가공하여 만든 음료이다.

그럼 우리가 알고 있는 쌍화차, 생강차, 유자차, 우엉차, 결명자차, 인삼차, 꽃차 등은 무엇일까?

엄격하게 말해서 차나무 잎을 가공하여 만든 것만이 '차'라고 부를 수 있다. 하지만 큰 범주에서는 우리가 알고 있는 한방차, 꽃차 등은 '대용차'로 부르고 있다.

Chapter 2.
차의 기원

Chapter 2. 차의 기원

 차에 관한 모든 역사는 중국에서부터 시작되었다고 해도 무리가 아니다. 차나무의 발원, 재배, 음용, 이용 등 차 문화와 관련된 모든 것들이 중국에서부터 시작이 되었다는 데는 큰 이견이 없다. 차의 기원을 알아보기 위해서는 첫째, 차나무의 발원지가 어디인지, 둘째, 인류가 차를 언제부터 이용했는지, 셋째, 차나무를 언제부터 재배하고 순화하기 시작했는지를 알아볼 필요가 있다.

The origin of the Tea

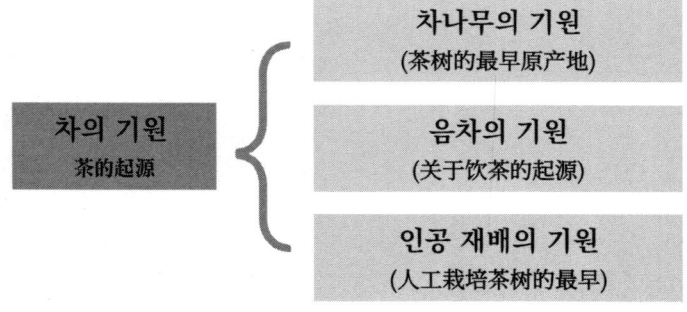

1. 차나무의 기원

보통 식물학계에서는 차나무가 신생대가 시작하는 약 6,500만 년 전 종자식물이 출현하면서 나타났다고 한다. 그 발원지에 대한 일원설인 인도 기원설과 중국 기원설, 이원설인 중국과 인도 기원설, 다원설인 동남아 기원설 등 여러 가지 학설이 있다. 6,500만 년 전 지구의 모습은 지금과 달리 인도가 아시아 대륙과 합쳐지지 않았고, 지금으로부터 약 2,300만 년 전~260만 년 전 지구의 인도판과 유라시아 대륙판이 충돌하는 과정에서 생성된 히말라야산맥도 융기하기 이전으로 현재의 어느 지역이라고 단정하기는 어렵다.

1) 중국 기원설:
중국 기원설의 근거로는 중국 차 학계에서 6가지 이유를 들고 있는데,
1. 중국의 서남부(운남, 사천, 귀주) 지역에서 산차과(山茶科) 식물이 가장 많다.
2. 중국 서남부 지역에 야생 차나무가 가장 많다.
3. 중국 서남부 지역에 차나무의 변이종이 가장 많다.
4. 중국 서남부 지역에서 차를 가장 먼저 이용했으며 차 문화에 대한 기록이 풍부하다.
5. 차나무의 학명에서 차나무의 원산지임을 알 수 있다.
6. 찻잎 생화학 성분의 특징에서 원산지임을 알 수 있다.

2) 인도 기원설:

1838년 런던에서 "1824년 인도 아쌈주에서 세계에서 가장 오래된 차나무를 발견했다. 가장 큰 것은 높이가 43피트(13.1미터), 둘레가 3피트(0.91미터)이다."라고 보고를 하면서 차의 원산지는 중국이 아니라 인도라고 주장을 한다. 이때부터 차의 원산지에 대한 논쟁이 시작된다.

3) 동남아 기원설:

동남아 기원설은 다원론으로 차나무의 기원은 태국 북부, 미얀마 동부, 베트남, 인도 동북부(아쌈 지역), 중국 서남부(운남) 지역을 아우르는 일대 지역이 차나무의 성장에 가장 적합한 자연적 조건을 지니고 있다. 그래서 이 일대를 차나무의 원산지로 보아야 한다고 주장하는 학설이다.

4) 기타 기원설

기타 기원설로는 인도, 중국 이원설이 있기는 한데 인도에서 발견된 차나무와 중국에서 발견된 차나무는 기원이 다르다고 판단되었다. 이후 일본 학자들에 의해 인도의 아쌈종과 중국의 소엽종은 염색체가 동일한 하나라는 것이 판명되면서 이것에 대한 논란은 사라졌다.

차나무의 원산지 문제는 차나무를 포함한 식물의 기원과도 관련이 있기 때문에 19세기 초부터 계속 논란이 되어 오고 있다. 이상의 주장대로 여러 가지 차나무의 기원설이 나름대로 과학적 근거를 토대로 주장하고 있으나 중국 학자들이 주장하는 학설로는 중국의 서남부(운남성, 사천성, 귀주성) 기원설로, 인도 기원설에서 주장하는 인도에서 발견된 차나무는 히말라야산맥 근처인데 원래 히말라야산맥은 차나무가 출현한 시기인 6,500만 년 전에는 바닷속에 있었기 때문에 차나무의 기원이라고 할 수 없고 중국이 그 기원이며, 또한 세계에서 가장 오래된 야생 차나무가 가장 많이 분포되어 있다는 것도 상당한 객관적 판단 근거가 될 수 있다.

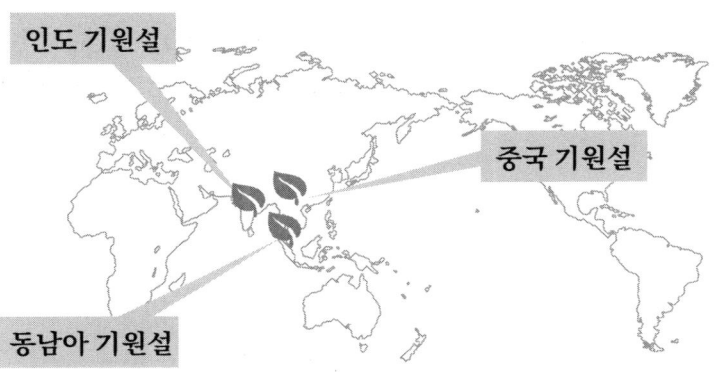

2. 차 이용에 관한 기원

사람들이 언제부터 차를 마시기 시작했는지 정확한 기록은 없다. 중국에서도 차의 기원에 대해 여러 가지 학설이 있는데 가장 대표적인 학설로 기원전 3000년경인 신농설(神农说), 기원전 1000년경의 상주설(商周说), 기원전 59년경의 서한설(西汉说), 기원후 200년경의 삼국설(三国说) 등이다.

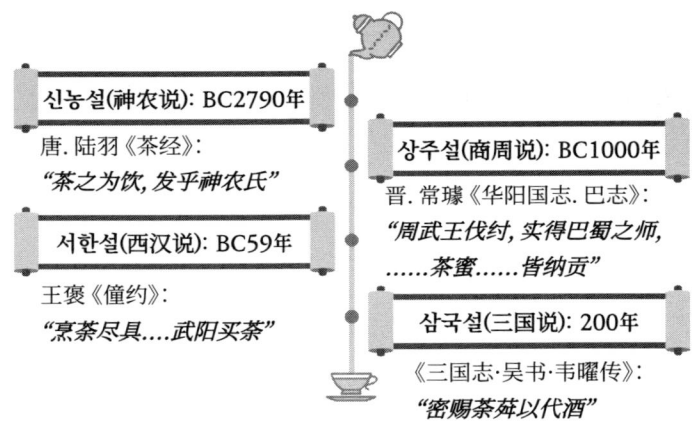

1) 신농설(神农说: 기원전 3245~3080년)

차에 관한 최초 기록으로는 당나라 시대 육우(陆羽)가 쓴 《다경(茶经)》에 "차는 마시는 것으로 신농 씨부터 시작을 했다."라는 기록이 있다.

신농(神农: 기원전 3245~3080년)은 중국 상고 시대의 인물로 '염제 신농'이라고도 불리며 인간의 몸에 소의 머리를 하고 있었다고 한다. 신농은 중국 고대의 삼황오제 중 삼황(태복희, 여화, 신농)의 하나이며 농사와 의학을 가르쳤다고 전해진다.

그래서 이 기록을 근거로 선농이 출현한 시기인 기원전 3000여 년경에 차를 이용한 것으로 보고 있지만 그 기록 자체가 한참 후대인 진한(秦汉) 시기에 첨기(添记)된 것으로 신화적인 성격이 다분하며 신빙성은 다소 결여된다.

또 다른 한편으로는 《신농본초경(神農本草經)》에 "신농(神農)은 백 가지 풀의 맛을 보고 하루에 72가지의 독에 걸렸지만 씀바귀(荼)로 해독했다."라는 기록이 전해진다고 하는데 이 기록은 《신농본초경》의 원문 내용 중 어디에도 기록되어 있지 않다. 현재 많은 차 관련 기록물에서 실제 기록이 남아 있는 것으로 오인되어 사용되고 있음에 주의해야 한다. 구전되어진 내용일 가능성이 크며, 荼(씀바귀 도)에 관한 해설로도 차(茶)의 고전체(古典体)이다, 아니다 등등 많은 논쟁을 불러일으키고 있다.

《神本草》: 神百草, 日遇七十二毒, 得荼而解之.

> **참고**
>
> * 《신농본초경(神农本草经)》: 중국 4대 의학 경전중의 하나로 본초경(本草經), 본경(本經)이라고도 불리며 현존하는 중국의학 서적 중에 가장 오래되었다. 작자는 알 수 없으나 경험 혹은 구전되어 오던 의학 자료들을 진한(秦汉) 시기에 정리하여 집대성한 것으로 원서는 소실되고 없다.

신농설: 기원전 약 2790년	
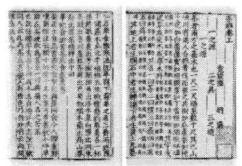	당나라, 육우《다경》: 唐、陆 羽《茶经》: "차는 마시는 것으로 신농 씨부터 시작되었다." "茶之为饮、发 乎神农 氏。"
	육우(陆羽: 733~804) 당나라 시대의 차 학자로 중국에서는 다성(茶聖), 다선(茶仙), 다신(茶神)이라는 칭호를 받고 있다.

2) 상주설(商周说: 기원전 1600~221년)

차 이용에 관한 가장 오래된 기록으로는 파촉지방(지금 사천성 지역)의 재배설로 동진(東晉: 344~406년)의 상거(常璩)가 편찬한《화양국지(華陽國志): 파지(巴志)》편에서 "주나라 무왕(周武王)은 상(商)나라의 주왕(紂)을 정벌하고 파촉의 군대를 얻었으며 파촉 지역의 곡물, 가축, 차 등의 특산물을 공납받았다."라는 기록이 있다.

西周说晋. 常《华阳国志. 巴志》: "周武王伐纣, 实得巴蜀之师, …… 茶蜜 …… 皆纳贡之."

파촉 지역은 현재 중국의 운남, 귀주, 사천 지역을 말한다. 이 기록에 따라 중국 차 학계에서는 일부 학자들이 파촉(巴蜀) 지역에서 주나라 시기에 이미 차를 마시기 시작했다고 주장하고 있다.

화양국지는 동진 시기(344~406년)에 약 1,000년 전의 주나라(기원전 1046~771년)에 관한 기록으로 자연과학적 고증이 필요하다고 볼 수 있으며, 화양국지의 원문에서 荼가 중국 한자의 茶(차 다) 자보다 중간에 한

획이 많은 荼(씀바귀 투)로 기록되어 있는데, 荼(씀바귀 투)가 茶(차 다)가 형성되기 이전의 동등한 글자라고 중국의 차 학계에서 보고 있다. 이러한 주장에는 여러 가지 학문적 고증이 필요하다고 하겠다.

여러 가지 논란에도 불구하고 춘추 전국시대에는 한족과 소수민족에 의해 본격적인 차의 역사가 시작되었다고 볼 수 있는 객관적 증거임에는 틀림이 없다.

> **참고**
> * 중국의 상주 시대는 대략 기원전 1600년에서 기원전 221년 동안의 시기를 말하는데 상나라 시대(기원전 1600~1046년), 서주(기원전 1046~771년), 동주 시기(기원전 770~221년) 이 세 개의 시기를 통틀어 상주 시대라고 한다. 동진 시기는 다시 춘추(春秋: 기원전 770~476년), 전국(战国: 기원전 475~221년)으로 나뉜다.

3) 서한설(西汉说: 기원전 202~기원후 8년 12월)

현존하는 차 관련 자료 중 중국 차 학계에서 가장 믿을 만한 자료로 꼽는 것은 한대(漢代: 기원전 202~기원후 220년)의 기원전 59년에 왕포(王褒)가 편찬한 《동약(僮約)》으로 "성도에 사는 과부 양혜에게서 노비 편료를 사 와서 노비의 할 일을 문서로 남겼는데 아침 일찍 일어나 청소하고 밥 먹으면 설거지하고 …… 차를 끓이고 다구를 정리하여 잘 담아 두고 …… 무양(武陽)에서 차를 사 온다."라는 기록으로 서한 시대 파촉(西漢時代 巴蜀)에서는 이미 음차풍속이 보편화되고 차가 상류계층의 생활 필수품으로 시장에서 매매가 이루어졌음을 알 수 있게 한다. 이 기록은 당시의 차 문화 발전을 설명하는 중요한 자료이다.

《僮約》: 從成都安志里女子楊惠買亡夫時戶下髯奴便了。決賈萬五千。奴當從百役使。不得有二言。晨起早 。食了洗滌 …… 烹茶盡具。鋪已蓋藏 …… 武陽買茶。무양은 현재 팽주시(彭州市) 팽현(彭縣)이다.

하지만 이 자료 역시 차에 관한 내용이 茶(차 다)보다 중간에 한 획이 많은 荼(씀바귀 투)로 기록되어 있는데 중국 학계에서도 여러 가지 학술적 논쟁에 놓여 있다.

4) 삼국설(위(魏), 촉(蜀), 오(吳)의 三国: 220~280년)

《삼국지(三國志)》권65 〈위요전(偉曜傳)〉에는 "오나라 왕인 손호(孫皓)가 연회 때마다 손님들에게 7되의 술을 마시게 했는데 그가 총애하던 술을 못 마신 신하 위요에게는 몰래 차천(茶荈)을 내려 술 대신 차를 마시게 했다."라고 기록되어 있다.

《三國誌:吳書, 韋曜傳》: 皓每饗宴, 無不竟日, 坐席無能否率以七升　限, 雖不悉入口, 皆澆灌取盡。曜素　酒不過二升, 初見禮異時, 常　裁減, 或密賜茶　以當酒。

위의 기록을 보아 오나라의 수도가 지금의 남경인 점을 감안하면 삼국시대 중국의 강남 지역에서도 음차풍습이 있었음을 알 수 있다.

> **참고**
> * 손호(孫皓): 삼국 중의 하나인 오나라의 마지막 황제.
> * 《삼국지(三國志)》: 진수(陳壽, 233~297년)가 쓴 삼국시대의 정사(正史)이다. 우리가 알고 있는 삼국지는 《삼국연의》라는 명나라 때 나관중이 쓴 소설로 중국 정사인 삼국지와는 다르다.

이에 따라 중국에서 차를 마시기 시작한 것은 삼국에서 시작되었다고 주장한다.

차의 이용에 관한 기원으로 현재까지 여러 가지 학술들이 논쟁이 되어 오고 있다. 여러 기록들을 살펴볼 때 당대(唐代) 육유(陆羽)가 다경

(茶经)을 저술하고, 남송시대(南宋時代) 오자목(吳自牧)이 '개문칠건사(开门七件事)'라고 해서 당시 생계를 위해 가장 중요한 필수품 7가지 중 차가 들어가 있다. 어찌되었건 여러 가지 기록이나 정황들로 보아 중국에서는 차가 기원전부터 이용되었고 차에 관한 문화가 널리 퍼져 있었음을 알 수 있다.

> **참고**
>
> * 개문칠건사(开门七件事): 중국 남송시대(南宋時代) 오자목(吳自牧)이 1274년에 편찬한 《몽양록(夢梁錄)》에 나오는 성어(成語)이다. 이 책에서 7가지 문제란 땔감(柴), 쌀(米), 차(茶), 기름(油), 간장(醬), 소금(鹽), 식초(醋) 등의 생활필수품(生活必需品)을 가리킨다.

3. 차나무의 인공 재배에 관한 기원

차나무의 인공 재배 기원에 관한 학설로는 가장 최근인 2015년 중국의 《지식문고(知识文库)》라는 학술지에 발표된 내용으로 선사시대 유적지인 사천성 여요 전라산(余姚田螺山)에서 원시 상태의 차나무 뿌리를 발견하였는데 전문가들이 여러 가지 검증을 통하여 약 6,000년 전 인공적으로 재배한 흔적을 발견했다고 한다. 여러 가지 정황으로 보아 차의 역사를 새롭게 정립해야 하는데 현실적으로 여러 가지 과학적 검증이나 고고학적 검증이 꼭 필요하다고 본다.

차나무의 인공 재배에 관한 최초의 기록은 1733년 《사천통지(四川通志)》에 "한나라 시대 명산현 45리 몽정산에서 감로사 조사인 오리진이 수양을 하면서 몽정산 차를 심었다."라고 기록하고 있다.

《四川通志》卷四十记载: "汉时名山县西十五里的蒙山甘露寺祖师吴理真, 修活民之行, 种茶蒙顶。"

그래서 중국의 차 학계에서는 사천성의 몽정산(蒙顶山)이 세계 차 문명의 발상지이며 세계 차 문화의 발원지임과 동시에 역사상 최초로 차나무 인공 재배가 이루어진 곳이다. 몽정산은 해발고도가 높으며 토양 및 기후가 차가 생장하기에 적합하다. 지금으로부터 약 2,000년 전인 서한(西汉) 시기에 몽정산의 차조(茶祖)인 오리진(吴理真)이 최초로 몽정산에서 야생 차나무를 순화, 재배하였다고 소개하고 있다.

참고

* 오리진(吳理真): 약 기원전 200~53년 서한 시대 지금의 사천성 야안 지역 출신으로 감로도인(甘露道人)으로 불리며 몽정산 객관원의 스님이다. 중국에서 기록상으로 남아 있는 최초의 차나무 인공 재배를 한 사람이며 몽정산 다조, 다도 대사라고도 불린다.

하지만《사천통지》의 기록은 오리진이 활동하던 한나라 시기가 아닌 1733년 청나라 시기에 기록된 내용으로 문헌상 출처를 밝히지 않아 전설로 내려오던 내용을 기록했을 가능성이 많다. 또한 몽정산의 황차원(皇茶园)에는 오리진이 심은 7그루의 차나무가 남아 있다고 하는데 검증되지는 않았고, 현실감이 많이 결여되어 있는 것 같아 보이지만 상징적인 의미는 있어 보인다.

차나무 재배에 관한 기원도 여러 가지 학설이 존재하고 있고, 차나무를 인류가 언제부터 순화, 재배를 시작했는지 정확하게 알 수는 없다. 하지만 우리 인류가 농경 생활을 시작하면서 자연스레 식물의 순화, 재배의 과정을 이해, 습득하였을 것이고 그것에 따라 차나무도 순화되고 재배되었을 것으로 추정해 볼 수 있다.

차의 기원에 관한 내용을 정리해 보자면 아래와 같다.

茶의 기원
- **차나무의 원산지 기원(茶树原产地)**
  약 6,500백만 년 전 중국의 서남부 지역(운남성, 사천성, 귀주성) 일대
- **차 이용에 관한 기원(关于饮茶的起源)**
  신농설神农说(기원전 약 2790년)
  상주설商周说(기원전 약 1000년)
  서한설西汉说(기원전 약 59년)
  삼국설三国说(약 200여 년경)
- **차 나무 최초의 인공 재배 기원(人工栽培茶树的最早)**
  서한(西汉: 기원전 200~53년) 시대 오리진(吳理真)에 의한 몽정산 재배

우리나라는 언제부터 차를 마시기 시작했을까?

자생설, 중국전래설, 남방전래설 등 여러 가지 학설들이 있다. 여러 가지 기후 조건 등으로 오래전부터 한반도에 차나무가 자생했다는 설, 가야 시대에 허황옥이 인도에서부터 중국 사천을 거쳐 차나무를 전래했다는 남방전래설과 지리적으로 가까운 고구려에서 시작했다는 설 등 여러 가지 학설들이 존재하고 있다.

가장 설득력이 있는 학설로는 중국전래설로 《삼국사기》의 권10 신라본기 제10대 흥덕왕(재위 826~836) 편에 "신라 흥덕왕 3년(828년)에 당나라 사신으로 간 대렴이 차나무 종자를 가지고 와 왕명으로 지리산 자락에 심었다. 차를 마시기 시작한 것은 선덕여왕 때(재위 632~647년)부터이고 이때부터 성행했다."라고 기록되어 있는 것으로 봐서 우리 민족도 약 1,500년이 넘는 차 문화를 가지고 있다고 봐도 무리가 없겠다.

"興德王立 …… 三年冬十二月 遣使入唐 朝貢 文宗召于麟德殿 宴賜有差 入唐廻使大廉 持茶種子來 王使植地理山 茶自善德王有之 至於此盛焉."《三國史記》券10,〈新羅本紀〉第10, 興德王祖.

4세기경부터 중국으로부터 불교가 전래되면서 많은 사찰들이 생기고 당나라에서 유학을 하고 온 스님들에 의해 참선(參禪)이나 헌다(獻茶) 문화들이 중국으로부터 많이 유입되었다고 볼 수 있다. 그래서 차 문화도 아마 그때부터 자연스럽게 불교와 함께 우리 한반도로 유입되었을 가능성이 높지만 역사적 기록은 남아 있지 않다.

한국 차의 기원은?

자생설 自生说
自生说的最有力依据是韩国的土壤和气候等自然环境,认为茶树种很久以前早已在韩国自生。

据《三国史记》记载, 新罗时代兴德王3年(828), 大廉从唐朝带来了茶种, 并种在智异山山脚

중국유래설 来自中国的说法

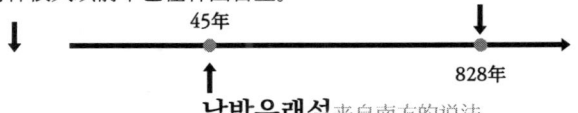

남방유래설 来自南方的说法
据《驾洛国记》和《朝鲜佛教通史》记载, 大约在2千年前, 印度阿逾陀国的公主许黄玉乘船嫁给驾洛国金首露王时带来了茶叶

한국의 차 학계에는 서기 828년을 한국 차의 시배년(始培年)으로, 흥덕왕 명으로 차씨를 심었다고 알려진 지리산 하동 일대를 차시배지(茶始培地)로, 또한 차나무의 중국 전래를 정설로 인정하고 있지만 여러 가지 이견들이 있다.

차의 시작

인류가 처음 차를 마시기 시작한 것은 약 5천 년 전부터이고, 한국은 신라 시대인 약 1,500년 전부터이다.

Chapter 3.
차의 영향

Chapter 3. 차의 영향

 차는 중국에서 발원하여 전 세계로 퍼져 나가 세계에서 가장 많이 음용하는 무알콜 음료로서 전 세계의 대부분의 지역에서 또한 세계 인구의 절반 이상이 음용하고 있으며, 북위 49도에서 남위 22도까지 전 세계적으로 광범위하게 재배되고 있다.

1. 차의 세계 전파

 중국의 차는 당나라 때부터 해외로 전파되기 시작하는데 지리적으로 가까운 한국·일본이 8~9세기 무렵 제일 먼저 차를 유입하였고 육로를 통하여 9세기경 티베트, 13세기경 몽고와 서부아시아의 아프가니스탄·이란·터키, 17세기경에는 러시아로 음다풍습(飮茶風習)이 전파되었다. 16~17세기경에는 해상 무역로를 통하여 유럽으로 퍼져 나갔다.

중국에서 발원한 차 문화는 해상 무역로(해상 실크로드)와 육상 무역로(티 로드)를 통하여 세계 각 지역으로 퍼져 나갔다. 세계에서 차를 나타내는 단어는 광동 방언인 'cha'와 복건성 방언인 'te' 혹은 'ti' 두 가지로 세계로 전파되게 된다.

중국의 북동쪽과 서쪽은 주로 육로를 통하여 한국, 일본, 몽고, 러시아, 이란, 이라크, 아프가니스탄, 터키 등 아시아 국가로 전파되었는데 이때 광동 방언인 'cha'라는 발음으로 전파되었고, 말레이시아 등 동남아시아 일부 지역과 인도, 스리랑카, 영국, 독일, 프랑스, 이탈리아 등의 유럽 국가는 해상 무역로를 통하여 전파되어 복건성 방언인 'te', 'ti' 등의 발음이 전래되었다. 유럽 국가 중 특이하게 포르투갈은 'cha'라고 부르는데 이것은 마카오가 포르투갈의 식민지로 있을 때 차를 들여왔기 때문이다.

■ Geographic origins **The spread of tea**

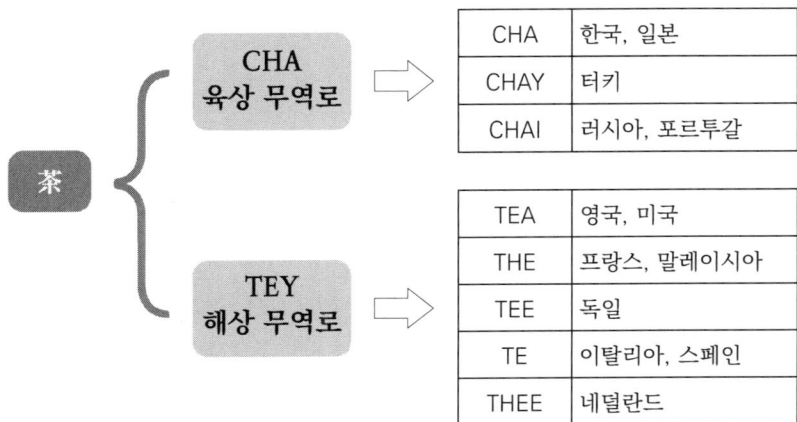

2. 생산 지역

60여 개의 국가 및 지역 중국, 인도, 케냐, 스리랑카, 한국, 일본, 동남아시아 등 북위 49도에서 남위 22도까지 지구상의 광범위한 지역에서 차가 생산되고 있다.

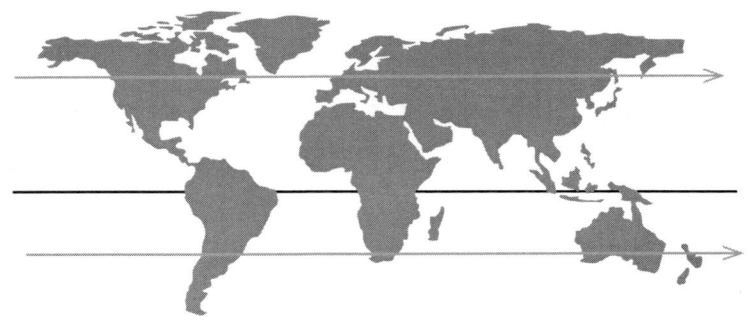

3. 차의 생산량

순위	국가	생산량(톤)
1	중국	235만
2	인도	123.9만
3	케냐	47.5만
4	스리랑카	29.3만
5	베트남	16.5만
6	인도네시아	12.5만
7	터키	11.9만
8	아르헨티나	8.4만
9	방글라데시	8.3만
10	일본	7.7만

자료출처: 중국 공소합작왕 http://www.chinacoop.gov.cn/

2017년 차의 전체 생산량은 546.3만 톤이며, 차의 생산량이 가장 많은 국가는 중국으로 세계 생산량의 거의 절반에 해당한다. 그 다음으로는 인도, 케냐가 세계 3대 차 재배 생산국이다. 2016년 기준 한국은 약 3,500톤으로 다른 나라들에 비해 아직 미미하며 중국 광동성 지역의 생산량인 8,000톤의 반에도 미치지 못하고 있는 상황이다. 참고로 중국 국내에서는 복건성이 37.96만 톤으로 가장 많고 운남성 36.24만 톤, 사천성 26.23만 톤, 귀주성 22.33만 톤, 호북성 19.69만 톤으로 보고되었다.

4. 차의 수출 국가

순위	국가	수출량(톤)
1	케냐	48.0만
2	중국	32.8만
3	인도	28.1만
4	스리랑카	21.3만
5	베트남	12.7만
6	아르헨티나	7.9만
7	우간다	5.0만
8	인도네시아	5.0만
9	말라위	3.0만
10	탄자니아	2.6만

자료출처: 중국 공소합작왕 http://www.chinacoop.gov.cn/

　30여 개의 국가 및 지역에서 차를 수출하고 있으며, 수출량이 가장 많은 나라는 아프리카 케냐로 생산량의 거의 대다수를 수출하고 있다. 그 다음으로 중국, 인도, 스리랑카 등이 주요 차의 수출 국가이다.

5. 차의 수입 국가

순위	국가	수입량(톤)
1	파키스탄	17.1만
2	러시아	15만
3	미국	13.1만
4	영국	10.7만

자료출처: 중국 공소합작왕 http://www.chinacoop.gov.cn/

150여 개의 국가 및 지역에서 차를 수입하고 있으며, 2016년 한 해 전 세계 전체 차의 수입량은 166만 톤으로 파키스탄이 17.1만 톤으로 가장 수입을 많이 하고 있는 것으로 나타났다. 그 뒤를 이어 러시아가 15만 톤, 미국이 13.1만 톤, 영국이 10.7만 톤 등으로 보고되었다. 그 외 이집트, 이란, 두바이 등의 중동 국가에서도 매년 많은 수입량을 보이고 있다.

6. 음용 차 지역

약 224개의 국가 및 지역(193개 국가, 31개 지역)에서 음용되고 있다.

참고

* 음차 인구수: 전 세계 인구의 약 절반에 가까운 30억 인구가 매일 음차.

7. 국가별 차 소비량

순위	국가	일인당 차 소비량(kg)
1	터키	3.16
2	아일랜드	2.19
3	영국	1.94
4	러시아	1.38
5	모로코	1.22
6	뉴질랜드	1.19
7	이집트	1.01
8	폴란드	1.00
9	일본	0.97
10	사우디아라비아	0.90

자료출처: https://www.statista.com

    2016년 기준 차의 소비량이 가장 많은 국가는 터키로 1년 일인당 소비량이 3kg이 넘는다. 그리고 아일랜드, 영국, 러시아 등도 연간 소비량이 가장 많은 국가들에 속한다. 우리나라는 2015년 한 해 일인당 차 소비량이 0.16kg이라고 한다. 터키, 아일랜드, 영국 등의 국가들에 비하면 아직 너무나 적은 양이다. 통계의 정확성에는 여러 가지 의문이 많지만 확실한 것은 한국에서는 아직 차의 소비가 많이 이루어지지 않고 있음은 알 수 있다. 중국은 세계적으로 차의 생산량이 가장 많지만 한 해 일인당 소비량은 500g을 조금 넘는 수준이다. 광동 지역의 일인당 소비량이 약 1kg

으로 가장 높은 것으로 나타났다. 중국은 워낙 땅이 넓다 보니 지역적인 편차가 심한 것으로 보인다.

> **참고**
>
> * 세계 주요국의 차 현황(국가별 생산량, 수출량, 수입량, 차를 마시는 국가, 차를 마시는 인구 등)은 기관마다 연도별 발표 자료에 따라 다소 많은 차이를 보이고 있다. 여기 소개된 자료는 중국 공소합작왕에서 2017년에 발표한 자료로 대략적인 추세를 이해할 수 있는 참고 자료로 활용하는 것이 좋겠다.
>
> 1. 차 생산 국가: 58개 국가(북위 49° 남위 22°: 중국, 인도, 케냐, 스리랑카, 베트남)
> 2. 차 수출 국가: 30여 개 국가(스리랑카, 케냐, 중국)
> 3. 차 수입 국가: 150여 개 국가(러시아, 아랍에미리트, 영국)
> 4. 차를 마시는 국가: 160개 국가(터키, 아일랜드, 영국, 러시아)
> 5. 차를 마시는 인구: 약 30억

8. 세계 각국의 차 문화 탄생

중국의 차 문화가 세계로 전파되면서 여러 나라에 독특한 차 문화를 형성하게 되는데 그 대표적인 것이 한국의 '다례(茶禮)', 일본의 '다도(茶道)', 영국의 '오후 차 문화(Afternoon Tea)' 등이다.

9. 세계사를 바꾼 차

차로 인해 세계사가 새로 쓰였다고 볼 수 있는 역사적 사건이 있다. 바로 미국 독립전쟁의 시발점이 된 보스턴 티 파티와 청나라가 패망하게 되는 결정적 원인 제공을 하게 되는 아편 전쟁이다.

보스턴 티 파티(1773년)

영국의 식민지로 있던 미국이 1773년 차에 부과된 무거운 세금에 항의해 보스턴 항에 정박 중인 영국 상선에 올라가 차를 모두 바다에 던져 버리는 사건이 발생했다. 바로 '보스턴 티 파티'라고 불리는 역사적 사건으로 이에 영국 정부는 미국에 대한 무력 탄압을 더욱 강화하였고 이에 대항하여 미국은 영국과의 본격적인 독립전쟁을 준비하게 되었다.

아편 전쟁(1840년)

영국은 청나라와의 차 수입 등으로 인한 무역 수지 적자 해소 방안으로 아편을 청나라에 팔기 시작했는데 18세기부터 증가한 아편의 수입량으로 인해 청나라 정부는 여러 차례 아편 금지령을 내렸지만 통하지 않았다. 그래서 중앙정부는 임칙서(林則徐)를 광저우에 파견하여 아편을 몰수하는 등 강경하게 무역 금지조치를 행했고 이에 영국이 원정군을 파견하면서 아편 전쟁이 시작하게 되는데 중국의 역사를 바꾸어 놓은 전쟁이었다. 이로써 중국은 결국 불평등한 남경 조약을 체결하였다.

Chapter 4.
차의 분류

Chapter 4. 차의 분류

1. 차의 분류 방법

차를 분류할 때는 여러 가지 방법이 있으나 차의 발효(산화) 정도에 따른 분류, 모양에 의한 분류, 채엽 시기에 의한 분류, 발효도와 차탕 색에 의한 분류로 나눌 수 있다. 가장 널리 사용되는 방법은 중국에서의 육대차분류(六大茶分类)라고 하는 것으로 차탕의 색과 발효 정도에 따른 분류 방법이다.

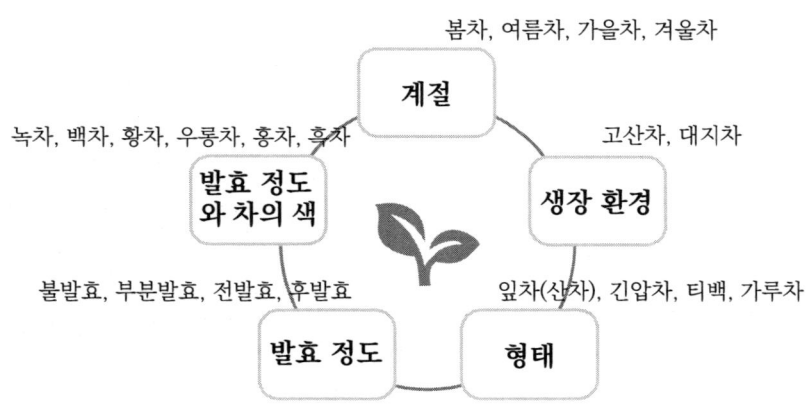

2. 채엽 시기에 의한 분류

일반적으로 계절에 따라 분류를 하는데 4월 초~5월 초 봄에 채엽하여 만든 차는 봄차, 6~7월 채엽하여 만든 차는 여름차, 8월 말~9월까지는 가을차, 10~12월은 겨울차로 분류한다.

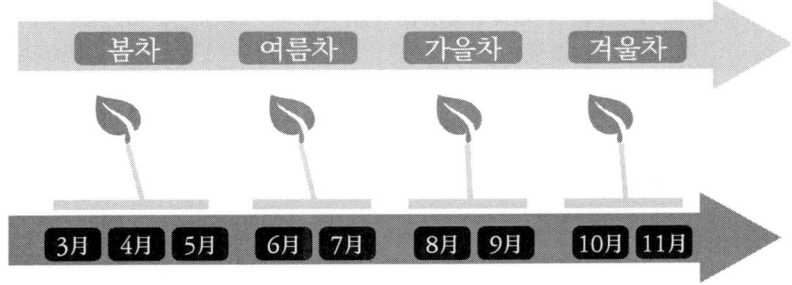

일반적으로 봄차의 생산량이 일 년 중 약 45% 정도로 가장 많으며 특히 청명(淸明) 전에 수확하여 가공한 명전차(明前茶)를 최상품으로 친다.

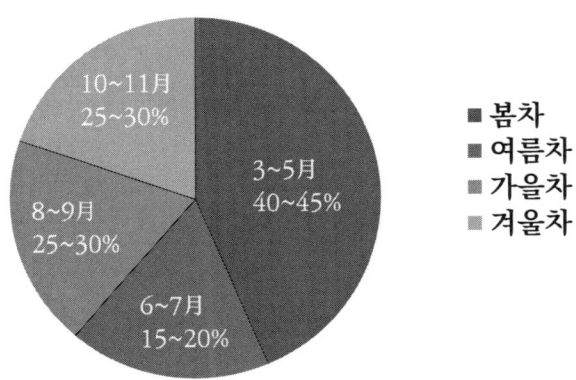

일반적으로 우리 한국에서는 녹차 위주의 생산이 이루어지고 있는데 이를 분류하는 방법은 곡우(穀雨) 전에 채엽하여 가공한 차를 우전차(맏물차)라고 하여 최상품으로 치며 첫물차, 두물차, 세물차, 끝물차 등으로 구분한다.

맏물차(극세작): 4월 20일 전후 딴 차(곡우 전후)
첫물차(세작): 5월 5일 전후 딴 차(입하 전후)
두물차(중작): 5월 중순경에 딴 차
세물차(대작): 6월 하순부터 8월에 딴 차
끝물차: 8월 하순~9월 상순에 딴 차

중국의 경우는 위와 같은 분류 방법을 사용하지만 일반적으로는 계절별로 봄차, 여름차, 가을차, 겨울차로 많이 사용한다.

3. 완성된 차의 모양에 의한 분류

차의 형태에 의한 분류 방법으로 잎차의 모양을 하고 있는 것은 산차(散茶), 분말 형태는 분말차, 덩어리 형태는 덩어리차로 분류한다. 덩어리차는 납작하고 둥근 모양의 병차(餠茶), 벽돌 모양의 전차(磚茶), 버섯 모양의 타차(沱茶) 등으로 다시 나뉜다.

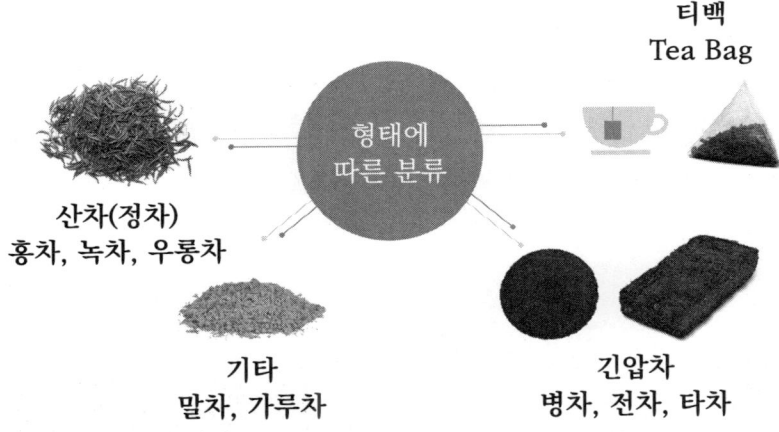

4. 차나무 생장 환경에 의한 분류

생장 환경에 따를 분류는 크게 해발고도가 높은 고산지역에서 생장한 차와 일반 평지에서 재배된 차로 나눈다.

고산차(高山茶)는 해발 800미터 이상 지역에서 나는 차로 고산차가 질이 좋다고 하는 것은 기후, 일조, 온도, 습기, 토양 부식질 함유량, 토질, 유기질, 미량원소 등 조건이 차 생장에 유리하기 때문이다. 고산차는 나무가 튼튼하고 잎이 실하고 두텁고 무거우며 영양 성분이 높고 잎이 여린 정도를 오래 보존할 수 있다. 또한 차 맛이 진한 편이다.

평지차(平地茶)는 보통 일반 평지에서 재배되는 것으로 잎이 작고 가늘고 엷고 황록색을 띠며 여름과 가을철에는 자색 싹이 많고 향기가 떨어지고 맛이 진하지만 신선한 맛이 덜한 편이다.

고산차와 평지차

5. 발효 정도에 의한 분류

발효의 정도에 따른 분류로 발효를 하지 않은 불발효차, 반 정도만 발효시킨 반발효차, 발효 과정을 다 거친 전발효차, 제품으로 만들어진 후에 발효가 일어나는 후발효차로 나눈다.

불발효차(不发酵茶): 녹차
반발효차(半发酵茶): 백차(경발효), 황차(약발효), 우롱차(반발효)
전발효차(全发酵茶): 홍차
후발효차(后发酵茶): 흑차

불발효차: 녹차
서호용정, 동정벽라춘, 황산모첨, 육안과편, 신양모첨 등

부분발효차: 백차, 황차, 우롱차(청차)
경발효차: 백차(백호은침, 백목단, 공미, 수미)
미발효차: 황차(군산은침, 몽정황아, 곽산황아, 광동대엽청)
반발효차: 청차(우이암차, 철관음, 대홍포, 봉황단총, 대만포총차 등)

전발효차: 홍차
소종홍차: 정산소종, 금준미
공부홍차: 기문홍차, 전홍
홍쇄차: 티백홍차

후발효차: 흑차
호남안화흑차, 광서 육보차, 호북노청차, 운남보이차

6. 발효의 정도와 색깔에 의한 분류

가장 통용되는 분류 방법으로 중국에서는 육대분류(六大分类)라고 하는 발효 정도와 색깔에 의한 분류로 녹차, 백차, 황차, 우롱차(청차), 홍차, 흑차 여섯 가지이다.

발효 정도와 색깔에 의한 육대차분류		
Green Tea 녹차	10% 이하	LOW
White Tea 백차	10~20%	
Yellow Tea 황차	20~30%	발효 정도
Oolong Tea 우롱차	30~60%	
Black Tea 홍차	80~90%	
Dark Tea 흑차	100%	HIGH

1) 녹차(綠茶, GREEN TEA)

찻잎과 차탕의 색이 푸른 녹색을 띤다. 찻잎을 따서 찌거나 덖어서 발효효소의 활성화를 중지시킨 불발효차이다. 중국이나 한국에서는 덖음 방식을 많이 이용하고 일본에서는 찌는 방식을 많이 사용하고 있다. 중국과 일본, 한국에서 생산량 및 소비량이 가장 많은 차이다. 녹차의 맛과 향은 청량감과 신선함을 준다.

한국에서는 하동, 보성, 제주가 주산지이며 중국의 유명 녹차로는 서호용정(西湖龙井), 동정벽라춘(洞庭碧螺春), 황산모봉(黃山毛峰), 육안과편(六安瓜片), 신양모첨(信阳毛尖), 태평호괴(太平猴魁), 로산운무(庐山云雾) 등이 있다.

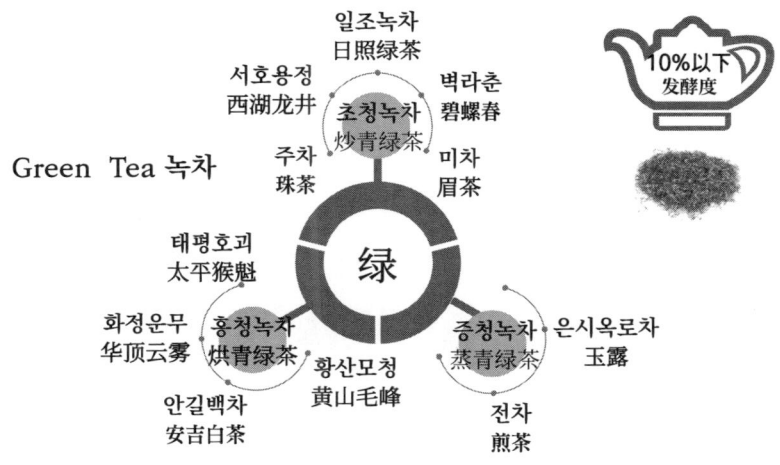

2) 백차(白茶, WHITE TEA)

백차는 육대차분류 중에서 가공 공정이 가장 간단하며, 발효차에 속하나 그 발효도가 10~20% 정도의 미약한 경미발효차에 속한다. 보통 채엽 기준은 일아일엽, 일아이엽이며 백차 중 최상급으로 치는 백호은침의 경우는 단엽만을 사용하여 가공하며, 하얀 솜털이 많이 피어 있는 특징이 있다. 가공 과정에서 살청과 유념을 거치지 않고 위조(委凋: 시들리기) 후 바로 건조하는 비교적 단순 간단한 공정으로 만든 차로 차 맛이 부드럽고 차탕의 색이 맑다

주산지는 중국 복건성(福建省)의 복정(福鼎)과 정화(正和) 지역으로 대표적인 백차로는 백호은침(白毫銀針), 백모단(白牧丹), 공미(貢眉), 수미(壽眉) 등이 있다.

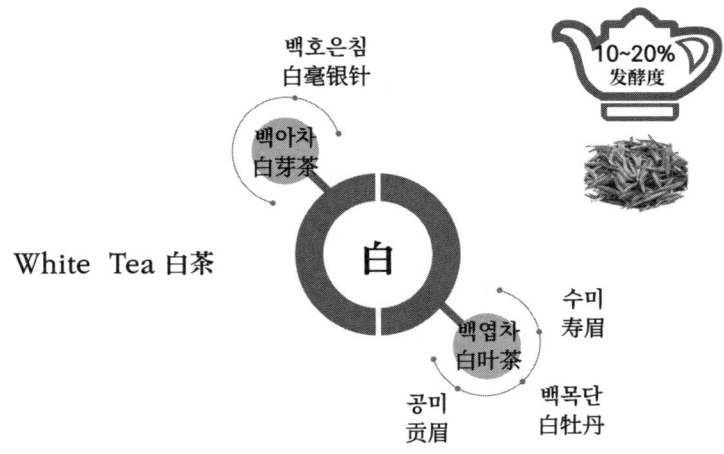

3) 황차(黃茶, YELLOW TEA)

황차는 육대차분류 중에서 발효의 정도가 많지 않은 경발효차에 속한다. 중국 육대차분류 중 그 생산량이 가장 적은 것으로 민황(悶黃)이라는 특별한 가공 공정이 추가된다. 발효도는 20~30%의 약발효차로서 차 맛이 우아하고 고급스럽다. 잎이 연한 정도, 크기에 따라 황야차, 황소차, 황대차로 분류한다. 대표적인 황차로는 호남성 동정호(湖南省洞庭湖)에서 생산하는 군산은침(君山銀针), 사천성 아안 몽정산(四川省雅安蒙顶山) 지역에서 생산하는 몽정황아(蒙顶黃芽), 안휘성 곽산현(安徽省霍山县) 지역의 곽산황아(霍山黃芽), 호남성 영향현 위산(湖南省宁乡县水沩山) 지역의 위산모첨(沩山毛尖), 광동성 소관, 조경, 잠강(广东省 韶关, 肇庆, 湛江等) 지역의 광동대엽청(广东大叶青) 등이 있다.

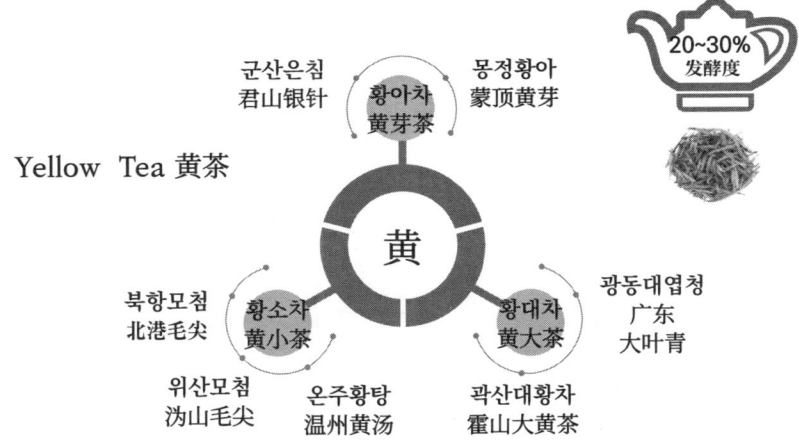

4) 청차(靑茶, OOLONG TEA)

우리가 보통 우롱차라고 부르는 것으로 주산지는 중국 복건성의 민북 지역과 민남 지역, 타이완, 광동성의 네 군데 지역이다. 현재 중국의 사천성, 호남성 등에서도 일부 생산되고 있다.

발효도 30~60%로 매우 범위가 넓으면 반발효차라고 한다. 녹차와 홍차의 중간적인 성격으로 발효도가 낮은 경우는 녹차의 성질, 발효도가 높은 경우에는 홍차의 성질을 가지고 그 맛도 굉장히 다양하다. 대표적인 청차로는 복건성의 민남 지역을 대표하는 안계(安溪)의 철관음(铁观音), 민북 지역을 대표하는 우이산(武夷山)의 대홍포(大红袍)와 암차(岩茶), 광동성의 봉황단총(凤凰单丛), 대만의 동정오룡차(洞庭乌龙), 동방미인(东方美人) 등이 있다.

5) 홍차(紅茶, BLACK TEA)

홍차는 영어로 Black Tea라고 하는데 찻잎과 차탕의 색은 붉은빛이 돈다. 발효도는 80~90%의 완전 발효차라고 한다. 홍차의 시조는 복건성의 정산소종(正山小种)으로 우리가 흔히 알고 있는 '랍상소총'이다. 주산지는 중국, 인도, 스리랑카, 케냐 등이다. 세계 3대 홍차로는 인도 다즐링 홍차, 스리랑카 우바홍차, 중국 기문홍차이며 중국의 대표적인 홍차로는 안휘성 기문홍차(祁门红茶), 운남성의 전홍차(滇红茶), 복건성의 정산소종홍차(正山小种), 광동성의 영덕홍차(英德红茶) 등이 있다.

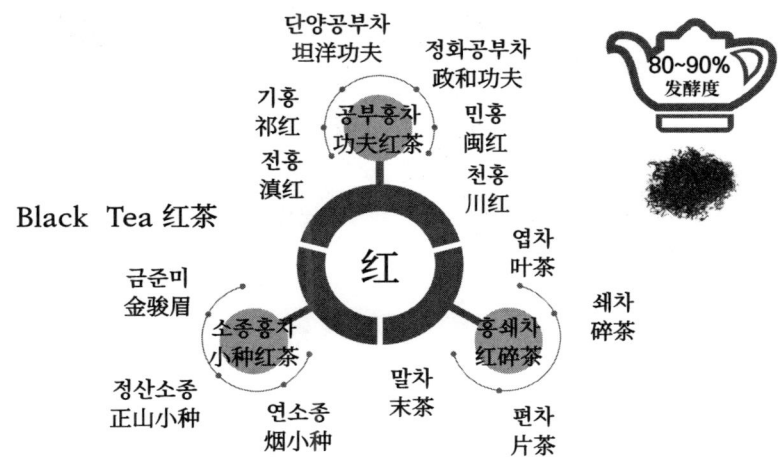

6) 흑차(黑茶, DARK TEA)

흑차는 '악퇴'라는 흑차만의 고유한 발효 과정을 거친 발효차로 보통 발효 과정이 차를 만든 후에 발생하여 후발효차(后发酵茶)라고 한다. 대표적인 흑차로는 운남성의 보이차(普洱茶), 광서성의 육보차(六堡茶), 호남성의 안화흑차(安化黑茶), 호북성의 노청차(老青茶), 사천성의 장차(藏茶) 등이 있다.

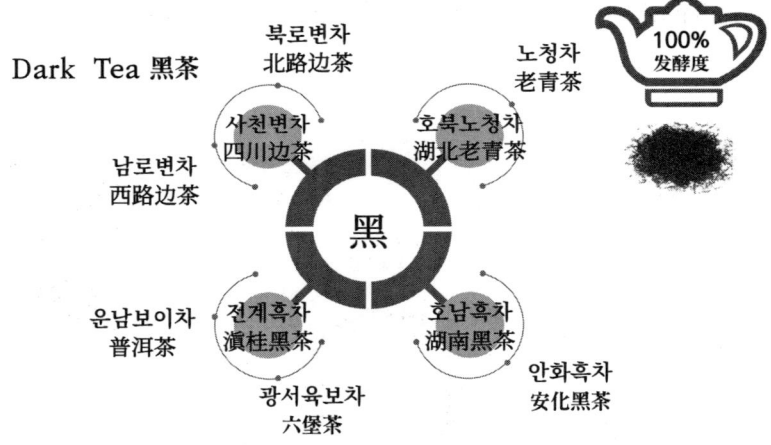

Chapter 5.
차의 성분과 효능

Chapter 5. 차의 성분과 효능

차의 성분과 효능은 약리적 효능, 생리적 효능, 사회적 효능 세 가지로 나누어 볼 수 있다. 첫 번째는 찻잎에 함유되어 있는 화학적 성분이 우리 몸에 미치는 영향으로 약리적 효능이며, 두 번째는 우리 몸에 꼭 필요한 수분 보충의 역할로서 생리적 효능, 세 번째는 차를 매개로 한 인간관계 증진의 사회적 효능으로 나누어 볼 수 있다.

1. 약리적 효능

찻잎은 약 75%가 수분으로 구성되어 있고 나머지 25%가 고형물로서 여러 가지 화학적 성분이 포함되어 있다. 지금까지 연구 결과에 의하면 찻잎에 포함되어 있는 화학적 성분은 700여 가지가 넘는다고 한다. 그중에서 가장 대표적인 5가지 성분은 폴리페놀(카테킨), 카페인, 아미노산(테아닌), 비타민, 당류로서 유기물 형태로 인체에 직접적인 영향을 미친다.

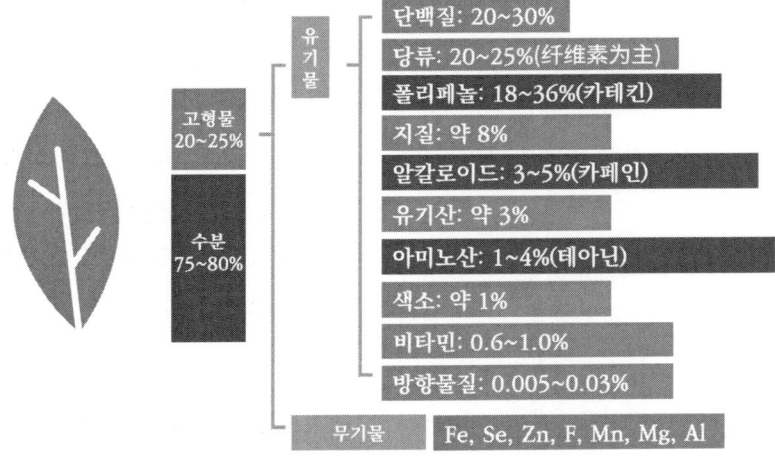

1) 폴리페놀(카테킨 18~36%):

폴리페놀은 현재까지 가장 많이 알려진 대표적인 항산화 물질 즉 노화 방지 물질이다.

> **참고**
>
> * 항산화 물질: 항산화는 산화의 억제를 뜻한다. 세포의 노화 과정과 그에 대한 예방을 설명할 때 주로 등장하는 개념이 세포의 노화는 곧 세포의 산화를 의미한다. 호흡하여 몸에 들어온 산소는 몸에 이로운 작용을 하지만 이 과정에서 활성산소가 만들어진다. 활성산소는 산소가 불안정한 상태에 있을 때를 뜻하는데 이는 동물의 몸에 나쁜 영향을 준다. 즉, 활성산소를 제거하는 것이 세포의 산화, 세포의 노화를 막는 핵심원리이다.
>
> 자료출처: 위키백과

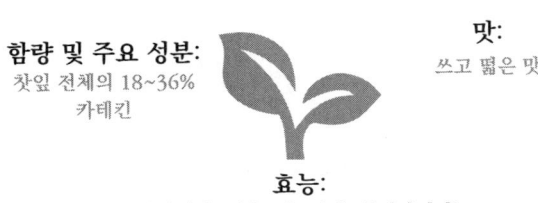

폴리페놀은 구조상 수산화기(OH-)를 많이 포함하고 있어서 여러 가지 독소와 결합하여 해독하는 역할을 한다, 우리 몸에 있는 활성산소(유해산소)의 발생을 억제하는 항(抗)산화 물질 중 하나로 자연계에 광범위하게 분포되어 수천 가지의 종류가 넘는다. 대표적인 폴리페놀은 차의 카테킨, 와인의 레스베라트롤, 사과나 양파등의 퀘세틴, 과일에 많이 함유되어 있는 플라보노이드, 콩의 이소플라본 등이다. 떫은맛과 쓴맛을 가지고 있으며 항암작용과 심장질환예방에 좋은 것으로 나타나 있다. 카테킨(Catechin)은 폴리페놀의 일종으로 차에서만 검출되는 가장 대표적인 차의 유효 성분이다(근간의 보고에 따르면 일부 버섯류에서 소량의 카테킨이 검출된다고 함).

카테킨은 항산화 물질로서 발암억제, 노화방지, 동맥경화, 혈압상승억제, 혈전예방, 항바이러스, 항비만, 항당뇨, 항균, 해독작용, 소염작용, 충치예방, 감기예방, 다이어트, 구갈방지 등 다양한 효과가 있음이 이미 밝혀져 있다.

> 참고
>
> * 폴리페놀 함량 비교
>   차 한 잔에는 오렌지주스 7잔, 화이트와인 12잔, 사과주스 20잔에 해당하는 폴리페놀을 함유되어 있다. 그래서 폴리페놀이 가장 풍부한 음식이라 할 수 있다.

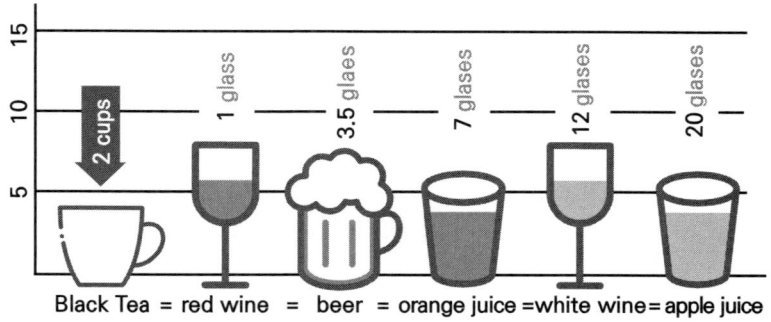

2) 아미노산(테아닌 1~4%):

　테아닌은 차 아미노산의 주성분으로, 흥분을 가라앉히는 진정작용이 있고 차의 감칠맛을 낸다. 우리가 차를 마시면 긴장이 완화되고 기분이 느긋해지며 침착해지는 것을 느낄 수 있는데, 이는 테아닌이 뇌 신경 전달 물질을 조절하고 신경계를 안정시켜 긴장을 이완시키기 때문이다. 그래서 '천연 진정제'라고도 불린다. 실제로 테아닌 200㎎을 복용한 후 뇌파를 측정해 본 결과 알파파가 현저히 증가하였는데, 알파파는 사람이 가장 안정되었을 때 나오는 뇌파이다. 신경계가 안정되면 집중력이 강화되고 스트레스가 해소되며 우울증, 불면증과 같은 정신질환에 도움을 줄 수 있기 때문에 현재 테아닌은 신경안정제나 우울증치료제, 치매예방제, 수면보조제 등에 활용되고 있다. 더욱이 일반 화학약품과 달리 아무런 부작용이 나타나지 않아 천연 건강 보조 물질로서 최근 많은 과학자들의 주목을 받으며 활발히 연구되고 있다.

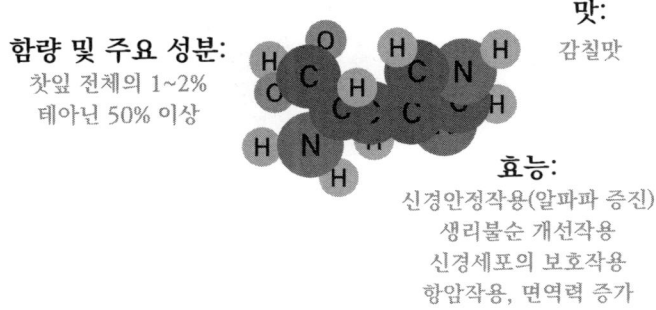

함량 및 주요 성분:
찻잎 전체의 1~2%
테아닌 50% 이상

맛:
감칠맛

효능:
신경안정작용(알파파 증진)
생리불순 개선작용
신경세포의 보호작용
항암작용, 면역력 증가

　연구 결과에 따르면 녹차의 함유물 가운데 아미노산 성분인 테아닌이 별다른 부작용 없이 알파파를 유의하게 증가시킨다고 한다. 또한 테아닌을 섭취하면 릴렉스 상태일 때 나타나는 뇌파인 알파파가 증가하고 마음이 편안해지는 것을 확인했다고 한다. 녹차의 테아닌 성분은 섭취 후 약 20분 후부터 알파파가 활성화되기 시작하여 약 1시간 정도가 지나면 알파파가 극대화된다고 한다.

알파파는 암기력 향상과 스트레스 회복 촉진 등에 영향을 미치는 것으로 알려져 있으며, 숙면을 취하는 데에도 도움을 준다. 이러한 효과를 내는 테아닌은 차에만 함유되어 있는 고유한 성분으로 알려져 있다.

3) 카페인(3~5%):

카페인은 적당량을 섭취하면 중추신경계를 흥분시켜 강심작용을 하는 역할을 하는데 정신이 맑아지고 졸음이 없어지며 피로회복, 사고력의 향상 등에 효과가 있다.

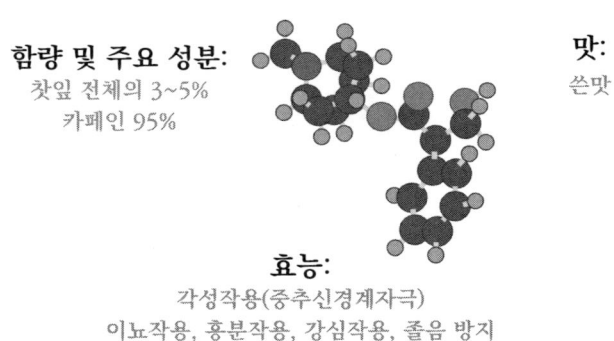

함량 및 주요 성분:
찻잎 전체의 3~5%
카페인 95%

맛:
쓴맛

효능:
각성작용(중추신경계자극)
이뇨작용, 흥분작용, 강심작용, 졸음 방지

그렇지만 과다 섭취 시에는 불면, 식은땀, 두통, 이뇨작용, 가슴 두근거림, 칼슘 흡수 방해로 인한 골다공증 유발 등 여러 가지 부작용이 있을 수 있다. 그래서 세계보건기구(WHO)에서는 카페인 하루 권장량을 성인 기준 400㎎을 넘지 못하게 권하고 있다. 400㎎의 카페인의 양은 콜라 약

11캔 반, 에스프레소 커피 5잔 반, 스포츠 음료 2캔 반, 아메리카노 한 잔에 해당하는 양으로 많은 사람들이 일상생활에서 세계보건기구 권장량보다 더 많은 카페인을 섭취하고 있는 실정이다.

그러면 차 한 잔에는 얼마만큼 카페인이 들어 있을까? 이 카페인 성분 때문에 차에 대해서 건강을 걱정하는 사람도 간혹 있는데 250㎖ 한 잔의 차에는 약 45㎎의 카페인이 포함되어 있다. 그래서 차는 어느정도 마셔도 카페인의 과다 섭취로부터 벗어날 수 있다.

단순하게 커피 한 잔에 포함되어 있는 카페인의 양과 비교해 보면 커피의 양보다 훨씬 적으며 또한 차의 카페인은 커피와 달리 카테킨과 결합을 하여 체내에 더디게 흡수되기 때문에 커피 마실 때의 카페인 흡수와는 다르다고 볼 수 있다.

> **참고**
> * 차와 커피의 카페인 함량 비교
> 250㎖ 한 잔의 차에는 약 45㎎, 똑같은 250㎖ 한 잔의 커피에는 약 142㎎의 카페인이 함유되어 있어 커피가 차보다 약 3배 이상의 카페인이 함유되어 있다고 볼 수 있다.

4) 비타민(Vitamin):

차에는 비타민C, 비타민B2, β-카로틴, 비타민E를 비롯하여 다양한 비타민이 있다. 이러한 비타민은 우리 몸에서 결핍되어서는 안 되는 필수영양소이며 대표적 항산화제로, 노화를 방지하고 피부를 맑게 해 주어 아름다운 사람을 만들어 주고 항암작용에 도움을 준다.

5) 당류:

연구 결과에 의하면 찻잎 속의 당은 혈당의 상승을 억제하고 낮추어 당뇨병에 탁월한 효과를 가진다고 한다.

차의 약리적 효능을 표로 간단히 정리해 보면 아래와 같다.

4항(四抗)	항노화, 항암, 항균소염, 항전자기파
3강(三降)	고혈압, 고지혈, 고혈당
2예방(二预防)	피로, 충치
1증1감1호 (一增一减一好)	면역력, 다이어트, 피부 미용

2. 생리적 효능

우리 인간의 몸은 70% 이상 수분으로 구성되어 있다. 우리 인체에서 물은 아무리 강조해도 지나치지 않을 만큼 중요하다. 우리의 몸은 본인의 의도와 관계없이 호흡, 땀, 피부, 소변, 대변 등으로 체내에서 수분이 빠져나간다. 그래서 항상 보충을 해 주어야 한다. 성인의 경우 자기 몸무게의 30%의 물을 마셔야 한다. 물 부족 자각 증세를 진단할 수 있는 방법은 초기에 소변의 색깔 유무(연노란색이 정상적인 색깔이다. 비타민제를 먹은 경우는 다를 수 있다. 비타민B군을 많이 섭취하면 노란색 계열 소변이 나온다.)이며 그 다음으로 갈증을 느끼는 것이 신체에서 물이 부족하다고 보내는 마지막 신호이다. 그래서 물은 항상 갈증을 느끼기 전에 미리미리 보충하여야 한다. 물은 세포유지, 혈액순환, 노폐물 배출 등의 역할을 한다. 그래서 물이 부족하면 노화현상, 혈액순환장애로 인해 심장이나 뇌에 타격을 받는다. 물 부족으로 나타나는 현상은 혈액의 농도가 탁해지면서 혈액순환에 장애가 오므로 혈액이 가지고 있는 각종 영양분의 공급과 세포유지, 노폐물 배출, 면역계통이 원활하지 못해 만성피로, 노화 등 모든 질병의 원인이 된다. 탈수 증상은 배가 고픈 증상으로 착각되어 과식이나 폭식을 유발하여 비만의 원인이 되기도 한다. 암 발생의 원인이 될 수도 있다. 현재 우리나라 사람의 대부분은 만성 물 부족 현상에 있다고 한다. 그만큼 물을 마시지 않는다고 볼 수 있다.

수분이 부족할 때 나타나는 현상		물의 효능
1%	갈증	여러 가지 환경오염 물질, 식품 첨가물, 발암 물질 등을 체외로 배출
3%	혈류량 감소	
5%	집중력 저하	피로물질 제거, 숙취 해소, 다이어트, 스트레스의 생리 대체에 필요
8%	어지럼증, 운동 시 호흡 곤란	
11%	혈액순환장애, 신부전증	피부 보습 및 탄력 → 노화방지 → 아름다운 피부 유지

체내에서 혈액과 림프액의 흐름을 좋게 하고, 신진대사를 촉진시킨다. 혈관을 통해 영양소와 산소를 신체 곳곳에 전달한다. 노폐물이나 독소를 신장 등을 통해서 배설되도록 한다.

그래서 세계보건기구(WHO)에서는 성인 기준 하루에 약 2리터의 물을 섭취해야 한다고 권장하고 있다. 체질에 따라, 상황에 따라, 사람에 따라 다르게 적용될 수 있지만 일반적으로 성인 한 사람이 하루에 소변으로 배출하는 수분은 약 1.4리터, 소변 외에 배출되는 수분은 약 1리터로 총 하루 배출 수분은 2.4리터 수준이다. 따라서 적어도 이 정도의 수분은 매일 체내에 공급해 줘야 한다. 사람들이 하루에 음식 등 다른 경로로 섭취하는 수분은 약 1~1.2리터 정도이다. 따라서 나머지는 물로 보충해 줘야 한다. 일반적으로는 하루 평균 1.5~2리터, 종이컵으로 8~10잔 정도의 물을 마셔야 한다는 것이 권장 사항이다.

사실 하루에 맹물을 8잔(약 2리터) 마시는 것이 쉬운 일은 아니다. 하지만 차를 이용하여 생리적으로 우리 신체에 꼭 필요한 물을 보충하는 것은 그리 어려운 일이 아니다. 오전, 오후 시간에 나누어 적당히 차를 마시면 차의 유효한 성분과 더불어 생체에 필요한 수분의 공급을 자연적으로 해결할 수 있다.

처음 차를 마시는 사람이라면 습관적으로 차를 접하기가 쉽지 않다. 차와 함께 수분을 공급하기 위해서는 몇 가지 실천 사항이 필요하다.

첫 번째: 시간을 정해서 차를 마셔라(오전, 오후).
두 번째: 한꺼번에 너무 많이 마시지 말고 조금씩 자주 마셔라.
세 번째: 시선이 가는 곳에 차를 우려 두어라.
네 번째: 출퇴근 시간 등 차로 이동할 때 텀블러를 이용해서 항상 차를 가지고 다녀라.
다섯 번째: 운동할 때 차를 자주 마셔라.

이렇게 실천을 한다면 하루에 2리터에 해당하는 물을 자연스럽게 우리 몸에 공급 할 수 있을 것이다.

3. 사회적 효능

차는 인간관계에 있어서(차를 통한) 여러 가지 사회적 효능을 가지고 있다.

1) 인간관계 증진 매개체로서 효능
2) 음주대체 효능(사상을 넓히고 사회적 정신문화 고양)
3) 차를 매개로 한 정신 및 수양 활동(제사, 참선, 다도, 다예)
4) 차를 통한 문화적, 예술적 효능(시, 그림, 음악, 여행, 춤)
5) 풍부한 음식 생활 효능(다식, 광동조차, 애프터눈 티, 다과)
6) 독자적인 차 산업으로서의 효능(교육, 다실, 다가구, 다구)

차의 사회적 6대 효능

차는 예로부터 경험을 통하여 오랜 시간 동안 건강 음료로서 자리를 잡아 왔으며, 현대에 와서는 여러 가지 효능들이 과학적 실험을 통해 검증되고 있다. 특히 미국 타임지 선정 세계 10대 Super Food에 포함될 만큼 그 성분과 효능이 널리 알려져 있다. 그렇지만 과다하게 음용하게 되

면 부작용이 발생할 수 있기 때문에 과용하지 않는 것이 바람직하며 개인의 취향 및 체질에 따라 적당하게 조금씩 자주 일상생활에서 습관화하여 음용하는 것이 아주 중요하다고 하겠다.

Chapter 6.
차의 선택, 우리기 및 보관

Chapter 6. 차의 선택, 우리기 및 보관

 한 잔의 차를 우리기 위해 꼭 필요한 세 가지가 있다. 바로 차, 물, 다구이며, 이는 차를 우리는 데 필요한 기본 3요소이다. 좋은 차가 있어야 하고 그 좋은 차를 우리기 위해 좋은 물과 적당한 다구가 필요하다.
 어떤 차를 선택하느냐에 따라, 어떤 물을 선택하느냐에 따라, 어떤 다구를 사용하느냐에 따라 그 맛과 향이 천차만별이기 때문이다.

1. 차의 합리적 선택

 차를 선택할 때 차를 평가하는 대표적인 4요소는 차의 색(色), 향(香), 맛(味), 형태(形)이다.
 차의 품질은 크게 외적인 품질과 내적인 품질로 나뉜다.
 외적인 품질은 찻잎의 모양, 차가 우러난 차탕(茶湯)의 색과 엽저(葉底: 차를 우리고 난 잎)의 모양으로 판단한다. 그 판단 기준은 첫 느낌이 깨끗

해야 하며 일반적으로 찻잎에서 광택이 나는 것이 좋으며 잎의 크기가 일정하고 부스러기가 많지 않은 것이 좋은 것이라 할 수 있다. 차탕의 색도 맑은 것이 좋은 것이라고 볼 수 있다.

　내적인 품질은 차의 향기와 맛을 판단하는 것으로 시음자 개인의 전문적으로 훈련된 미각과 심미적인 통찰력의 깊이가 요구된다. 일반적인 판단 기준은 향기가 오래도록 유지되는 것이 좋으며 다른 향과 섞이지 않고 고유의 풍미를 가지는 것이 좋다. 맛도 쓴맛이나 떫은맛이 너무 강한 것보다는 마시고 난 뒤에 약간 단맛이 도는 은은한 맛이 좋다고 볼 수 있다. 하지만 사람마다 그 취향과 입맛이 다르기 때문에 본인이 좋아하는 향이나 맛을 고르는 것이 중요하다고 하겠다.

　또한 차를 구입할 때, 처음에 차를 고르기 어렵다면 정식 수입 절차를 거치거나 식약청의 인증을 받은 차, QS, GREEN Mark, 유기농표시 등이 되어 있는 차를 선택하여 마시는 것이 가장 안전한 방법이다.

2. 물의 선택

차를 우릴 때 어떤 물을 사용하느냐에 따라 차의 맛과 향이 천차만별이다. 다구는 차의 아버지요 물은 차의 어머니라고 할 만큼 찻물이 중요하다고 할 수 있다.

당나라 시대 육우가 쓴 《다경》에 말하기를 산천수가 가장 좋고 그 다음이 강물이며 우물물이 가장 좋지 않다고 한다.

唐代茶圣陆羽在《茶经: 五之煮》 "其水, 山水上, 江水中, 井水下。" 看适宜泡茶的水

현대를 살아가는 우리에게는 찻물를 선택할 수 있는 기회가 많지 않다. 일반적으로 시중에 판매되는 생수로 차를 우리거나 정수기를 통해 정수된 물로 차를 우리게 되는데 시중에 판매되는 생수는 다 비슷해 보이지만, 광천수(natural mineral water), 용천수(spring water), 정제수(purified water) 세 가지로 구분된다.

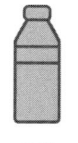
정제수(纯净水: Pure Water)
강, 호수, 지하수 등에서 취수한 물.
정수 처리를 거친 물을 말한다. 미생물 등이 없기 때문에 차를 우릴 때 비교적 차의 순수한 맛을 즐길 수 있다.

광천수(天然水: Mineral Water)
일반적으로 지하의 물을 취수한 것으로 무기염류(나트륨염, 마그네슘염, 칼륨염, 칼슘염, 암모늄염 등)를 비교적 많이 함유하는 물로 경도는 높다. 일반적으로 천연의 광천수나 용수(湧水)를 말한다.

수돗물(정수기 물)
염소 소독, 오존 소독
*하루 정도 받아 놓은 물 사용

유럽연합의 정의에 따르면 광천수란 '지하 대수층의 자연적 혹은 인공적 구멍에서 퍼 올리거나 아니면 자연적으로 솟아난 물'이라고 한다. 광천수는 다른 말로 미네랄워터라고도 하는데 칼슘, 마그네슘, 칼륨, 나트륨 등의 무기질이 들어 있는 물이다. 깨끗한 원수의 확보와 위생적인 관리, 유통 과정, 유통기한 등이 제대로 지켜져야 하므로 믿을 수 있는 회사의 제품을 골라 사는 것이 좋다

광천수는 오염으로부터 철저히 차단된 물이지만, 살균 소독이 되지 않았기에 세균이 자라기도 쉽다. 미국의 식약청 FDA(Food and Drug Administration)에서는 용존고형물질이 250ppm 이하이고 지하에서 퍼 올린 깨끗한 물을 광천수로 정의하고 있다.

한편 정제수는 광물질이 어느 정도인가는 상관없으며, 가격도 저렴한 편이다. 정제수는 강, 호수, 지하수 등 어디에서 취수한 물이건 상관없지만, 정수 처리를 거친 물을 말한다.

그리고 우리가 일반 가정에서 널리 사용하는 물은 정수기를 통해 정수한 물인데 정수기에서 필터를 통해 걸러지는 물을 말한다. 하지만 필터의 교환 시기를 제대로 지키지 않으면 대장균이나 세균성 병원체에 오염될 수가 있으므로 특히 주의해야 한다.

차를 우릴 때 여러 가지 조건 중에서 물의 선택이 중요한 역할을 하는데 일반 수돗물이나 정숫물보다는 광천수나 산천수가 더 좋은 맛을 우려낼 수 있다.

3. 다구의 선택

Utensil(다구): 어떤 다구를 사용하는 것이 좋을까?

도자기, 유리, 나무, 돌, 자사호 등 여러 가지 재료의 다구가 있지만 가장 일반적으로 사용되는 다구는 도자기로 된 것이다. 보온성이 뛰어나고 냄새가 잘 배지 않는 장점이 있다. 다음으로 좋은 것은 유리 다구이다. 유리 다구는 현대인들이 사용하기 좋게 아주 실용화되어 있는 특징이 있으며 차의 색을 감상할 수 있다. 그 외 중국에서 우롱차나 흑차를 우릴 때 많이 쓰는 자사호 등이 있다.

다구의 종류(茶具的种类)	
자기 다구, 도기 다구, 유리 다구, 금속 다구, 나무 다구, 칠기 다구, 석기 다구	
* 차의 종류 및 환경, 습관에 따라 다구 선택	

1) 도기 다구(陶器茶具)

중국 4대 도기: 강소성 의흥(宜興) 자사호, 운남성 건수(建水) 자도(紫陶), 광서성흠주(欽州) 니흥도(坭興陶), 중경시룽창(榮昌) 안부도(安富陶)

특징: 다공질이고 흡수성이 있으며 두드리면 탁음을 내며 투광성이 거의 없다.

적합한 차: 흑차, 중발효 우롱차(봉황단총, 대홍포 등), 홍차

2) 자기 다구(瓷器茶具)

중국 주요 다기 산지: 강서성 경덕전(江西景德鎭), 광동성 불산, 조주(广东佛山 , 潮州), 복건성 덕화(福建德化), 산동성 치박(山东淄博)

특징: 유리질이어서 흡수성이 거의 없고 투광성이 있으며, 두드리면 금속성을 낸다.

적합한 차: 홍차, 우롱차, 흑차, 일반 녹차

3) 유리 다구(玻璃茶具)

특징: 투명하여 차를 우릴 때 차의 탕 색과 엽저를 잘 볼 수 있다. 싸며 실용적이다. 잘 깨지는 단점이 있다.

적합한 차: 모든 차류

4. 차 우리기

차와 물과 다구가 준비되면 본격적으로 차를 우리기 시작하는데 맛있는 한 잔의 차를 우리기 위해서는 여러 가지 조건이 있지만 특히 아래 네 가지 조건이 중요하다

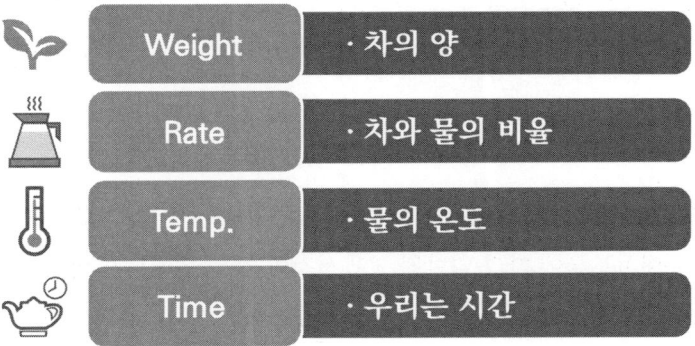

Weight(차의 양)

차의 양을 얼마나 해야 할까? 차의 종류에 따라, 개인의 기호에 따라 다르지만 혼자서 차를 마실 경우 약 2~3g 정도가 적당하다.

Rate(차와 물의 비율)

차와 물을 얼마의 비율로 해야 할까? 차의 종류에 따라 다르지만 일반적으로 찻잎과 물의 비율이 1:50~80 정도이다. 잎차 2g일 경우 물은 약 100g 정도가 적당하다(티백일 경우 1.5~2g, 잎차의 경우 2~3g).

Temperature(온도)

차를 우릴 때 물의 온도는 얼마쯤 하는 것이 좋을까? 보통 홍차와 흑차(보이차)는 약 100도의 끓는 물에서 우리고, 우롱차는 80~90도, 녹차는 그보다도 낮은 70~80도 정도가 가장 좋은 맛을 낸다.

Time(시간)

얼마쯤 우려야 가장 좋은 맛을 낼까? 약간의 차이가 있을 수 있지만 약 2g 기준으로 차를 우려낼 때 가장 적합한 시간은 2~3분 정도라고 할 수 있다.

차를 우릴 때, 차의 종류에 따라서 다소 차이가 있을 수 있으나, 아래 표는 육대차분류에 따라 일반적·교과서적인 차를 우리는 방법이다. 하지만 차의 종류에 따라서, 그 차의 상태 및 조건에 따라서, 개인의 취향에 따라서 차를 우리는 시간, 차의 양, 물의 온도 등을 달리할 수 있다.

	Temperature	Brewing time	The leaves	Hot water
绿茶	65~80°	2~3min	2~3g	1:60
白茶	65~80°	2~3min	2~3g	1:25
黄茶	85~90°	2~3min	2~3g	1:60
乌龙茶	85~95°	0.5~1min	2~3g	1:30
红茶	90~100°	2~3min	2~3g	1:60
黑茶	100°	1~2min	2~3g	1:30

5. 차의 보관

  차의 품질을 변화시키는 요인은 온도, 습도, 햇빛으로 특히 차를 보관할 때는 이 세 가지에 신경을 써서 보관해야 한다. 그래서 차를 보관하는 3대 원칙 **건조, 밀봉, 햇빛 차단**이다.

  차는 수분 함량이 3.0~5.5%인 건조식품으로 오랜 기간 동안 저장하여도 미생물에 의한 변질은 적으나 흡습성과 흡착성이 강하여 수분, 냄새 등이 있는 고온다습한 곳에 잘 밀봉하지 않고 놓아두면 변질되어 맛과 향이 떨어진다. 알루미늄과 PE필름 등으로 밀봉하여 온도 5~10도, 습도 55~65%에 보관하는 것이 가장 바람직하다. 녹차의 유통기한은 밀봉 상태였을 때 2년이지만, 개봉한 후에는 찻잎이 주변의 습기와 향을 빨아들이기에 그 맛과 향이 쉽게 변하므로 1년이 유효기간이다. 그래서 포장을 개봉한 차는 빛과 습기에 노출되지 않는, 건조하고 서늘한 곳에 보관하는 것이 좋다.

  특히 후발효차인 흑차의 경우는 통풍이 잘되는 습하지 않은 곳에 보관을 해야 한다.

1. 차의 품질 변화를 주는 4대 요인:

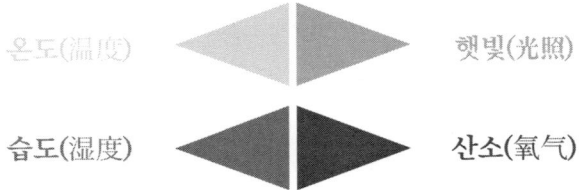

2. 차 보관 3대 원칙: 건조, 밀봉, 서늘한 곳

차의 보관

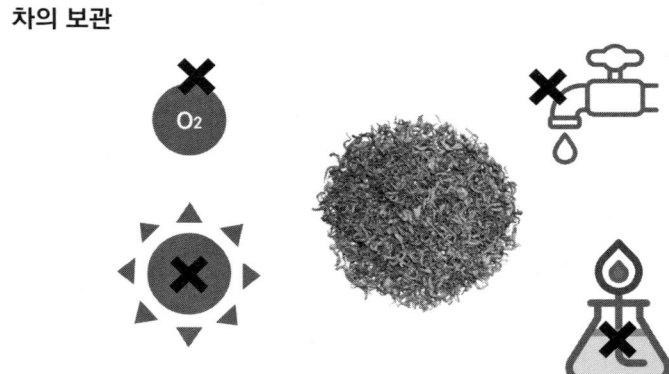

차를 보관하면 좋지 않은 곳

> **참고**
>
> * 보통 차를 우릴 때 '세다(洗茶)'라는 과정이 있다. 차를 우리기 전에 우선 찻잎의 먼지나 잡티, 부스러기 등 이물질을 씻어 내는 과정으로 차가 잘 우러나게 하기 위해 차를 적시는 과정이기도 하다. 녹차를 우릴 때 한번 씻어 냄으로 여러 가지 좋은 성분이 빠져나오므로 세다 과정을 하지 않는 경우도 있다. 이 과정은 우리가 보통 밥을 지을 때, 영양을 생각하면 조금 덜 씻는 게 좋고, 위생을 생각하면 많이 씻는 게 좋은 것처럼 개인적인 판단에 따라 위생을 생각한다면 한번 씻어 내고, 영양을 생각하면 세다를 하지 않고 마실 수 있다. 개인적 소견으로 두 가지를 다 고려한다면 차를 마실 때 비록 녹차라도 빠른 시간에 한번 살짝 씻어 내고 차를 마시는 것이 좋다고 생각한다.

차를 마시는 많은 소비자 분들이 실제적으로 가장 걱정되는 것은 잔류농약의 여부이다. 잔류농약은 농산물을 병충해로부터 보호하기 위하여 농약을 희석하여 사용 후 농산물에 남아 있는 미량의 농약을 말하는데 차를 재배하는 농가에서 농약을 어느 정도 사용했는지 사실 차를 마시는 소비자 입장에서는 알 수가 없다. 요즘은 유기농 재배가 대세이긴 하지만 그래도 안전문제를 고려하지 않을 수는 없다. 현재 한국뿐만 아니라 중국 등 각국에서 농산물 관리 제도에 따라 엄격히 농약 사용을 제한하고 있고 또한 살포된 농약도 자연 상태에서 공기 중의 산소나 수분, 햇빛에 의해 분해되며 흡수된 농약도 식물체내의 효소에 의해 분해되고 감소된다. 또한 세척 및 조리를 통해 일일섭취 허용량의 10% 미만으로 감소시킬 수 있다.

우리나라 식품의약품안전처의 보고에 따르면 잔류농약을 효과적으로 제거하기 위해서는 수돗물로만 잘 세척해도 80% 이상의 잔류농약 제거 효과를 볼 수 있다고 한다.
그래서 차를 우릴 때도 찬물에 1~3분 정도 담근 후 흐르는 물에 30초 정도 씻어 내고 차를 우리면 효과적으로 잔류농약을 제거할 수 있다.

차가 아무리 건강에 좋아도 안전하지 않다면 백해무익하게 된다. 안전문제를 잘 고려해서 차를 우리는 것도 정말 중요하다고 하겠다.
차를 우리고 마실 때 여러 가지 표준적인 방법이 있기는 하지만 차의 종류에 따라서, 그 차의 상태 및 조건에 따라서 차를 우리는 시간, 차의 양, 물의 온도 등을 달리할 수 있으며, 무엇보다도 개인적 취향에 따라 차를 우려서 마시는 것이 가장 좋은 방법이라고 할 수 있다.

Chapter 7.
과학적 음차(차 마시기)

Chapter 7. 과학적 음차(차 마시기)

앞 장의 서문에서 설명한 바와 같이 동양의학에서는 병이 오는 근본 원인을 계절적 기후적 요인과 관련이 깊은 육음과 인간의 기분과 감정과 관계된 칠정에 많이 좌우한다고 본다.

그래서 병의 원인이 되는 육음칠정은 양과 음이 기운이 서로 조화를 이루어야 하고, 몸이 더울 때는 차게 하여야 하고, 찰 때는 따뜻하게, 화가 날 때는 화를 풀어야 하는 등 서로 간에 그 기운이 조화를 이루어 서로 균형이 맞아야 병에 걸리지 않는다고 한다.

이 육음칠정을 다스리는 방법은 개인적 취향에 따라 운동을 하거나, 여행을 하거나, 책을 읽거나, 명상을 하거나 여러 가지 방법을 통해서 감정 및 음양의 조화를 맞출 수 있을 것이다.

이 장에서는 《황제내경》의 내용에 기초하여 가장 간단하게 일상생활에서 차(茶)로써 음양의 조화를 맞추는 방법을 소개하려고 한다.

차는 육대차분류에 따라 그 성질이 다르다.

녹차: 불발효차로 냉하고 내리는 성질
백차: 미발효차로 차고 내리는 성질
황차: 경발효차로 차고 내리는 성질
우롱차: 반발효차로 차지도 덥지도 않는 평형 성질
홍차: 전발효차로 따뜻한 성질
흑차: 후발효차로 더운 성질

일단 차의 성질을 이해하고 나면 아주 간단하게 그 상황에 맞게 차를 선택해서 건강한 차 생활을 유지할 수 있다. 기본 원리는 기운이 올라오거나 더울 때는 차고 내리는 성질의 차를 선택하고, 기운이 내려앉거나 찰 때는 따뜻하고 올리는 성질의 차를 선택해서 음양의 조화를 맞추는 것이다.

1. 계절에 따른 차 마시는 방법

《황제내경》에서 말하는 사계절 양생법은 계절에 따라 적절한 생활습관과 식습관을 유지하여 건강을 유지하는 방법이다. 봄에는 늦게 자고 일찍 일어나며, 여름에는 늦게 일어나고 일찍 자며, 가을에는 일찍 일어나고 늦게 자며, 겨울에는 일찍 자고 늦게 일어나는 것이 좋다. 또한, 각 계절에 맞는 음식을 섭취하고, 적절한 운동을 하는 것도 중요하다.

계절의 변화에 순응한 차의 선택 역시 하나의 건강 비결이라고 할 수 있다.

봄: 봄은 발진(發陳)의 계절로 겨울 동안 위축되었던 몸이 깨어나는 것을 의미한다. 봄에는 충분한 수면과 영양 섭취가 필요하며, 쑥, 미나리, 달래 등의 봄나물을 섭취하는 것이 좋다. 신체에 양기가 증가하므로 활동량도 겨울에 비해 늘리는 것이 좋다.
적합한 차: 녹차, 꽃차 등 봄의 기운을 담고 있어 몸을 따뜻하게 해 주고, 혈액순환을 촉진시켜 주며 비교적 맑고 밝은 기운의 차가 좋다.

여름: 여름은 번수(蕃秀)의 계절로 식물이 성장하는 것을 의미한다. 여름에는 더위로 인해 체력이 떨어지기 쉬우므로, 충분한 수분 섭취와 영양 섭취가 필요하며, 수박, 참외, 오이 등의 과일과 채소를 섭취하는 것이 좋다.
적합한 차: 녹차, 백차, 경발효 우롱차, 보이생차 등 여름의 더위를 식혀 주고, 열을 내려 주는 효과가 있는 찬 성질의 차가 좋다.

가을: 가을은 용평(容平)의 계절로 만물이 수렴되는 것을 의미한다. 가을에는 사과, 배, 감 등의 과일과 채소를 섭취하는 것이 좋다.

적합한 차: 우롱차, 홍차 등 가을의 기운을 담고 있어 몸을 편안하게 해 주고, 스트레스를 해소해 주는 약간 따뜻한 성질을 가진 차가 좋다.

겨울: 겨울은 폐장(閉藏)의 계절로 만물이 저장되는 것을 의미한다. 겨울에는 추위로 인해 체력이 떨어지기 쉬우므로, 충분한 수면과 영양 섭취가 필요하며, 귤, 고구마, 당근 등의 과일과 채소를 섭취하는 것이 좋다. 또한, 겨울에는 아침에 일어나서 간단한 체조를 하는 것이 건강 유지에 좋다.

적합한 차: 홍차, 중발효 우롱차, 보이숙차 등 겨울의 추위를 이겨 내고, 면역력을 강화시켜 주는 더운 성질을 가지고 있는 차를 선택하는 것이 좋다.

2. 감정에 따른 차 마시는 방법

《황제내경》에서는 다양한 감정과 기분에 따른 건강 양생법을 제시하고 있다. 하지만, 개인의 체질과 건강 상태에 따라 다를 수 있으므로, 자신에게 맞는 방법을 찾아 실천하는 것이 중요하다. 또한, 감정과 기분을 조절하는 것은 쉽지 않은 일이므로, 꾸준한 노력과 연습이 필요하며 차를 이용하여 감정과 기분을 조절하는 것도 좋은 건강 유지법이 될 수 있다.

기쁨(喜): 기쁨은 몸에 좋은 영향을 미치지만, 과도한 기쁨은 몸에 해로울 수 있다. 기쁨이 과도해지면 심장이 지나치게 뛰고, 혈압이 상승할 수 있다. 따라서 기쁨을 적당히 조절하는 것이 중요하다.
적합한 차: 녹차, 보이생차, 경발효 우롱차 등 내리는 성질을 가진 차가 좋다.

슬픔(悲): 슬픔이 과도해지면 폐를 상하게 하고 호흡기 관련 질병이 올 수 있다. 따라서 슬픔을 적당히 조절하는 것이 중요하다.
적합한 차: 홍차, 흑차, 중발효 우롱차 등 올리는 성질을 가진 차가 좋다.

분노(怒): 분노가 과도해지면 심장이 과열되고, 혈압이 상승할 수 있다. 따라서 노를 적당히 조절하고, 마음을 안정시키는 것이 중요하다.
적합한 차: 녹차, 백차, 황차, 보이생차, 경발효 우롱차 등 내리는 성질의 차가 좋다.

두려움(恐): 두려움이 과도해지면 신장과 방광에 좋지 않은 영향을 끼친다. 따라서 두려움을 적당히 조절하여 균형을 맞추는 것이 중요하다.

적합한 차: 녹차, 백차, 황차, 경발효 우롱차 등의 내리는 성질의 차가 좋다.

근심(忧): 근심이 과도해지면 폐, 비장 등에 좋지 않은 영향을 끼친다. 따라서 근심을 잘 조절하여 우울증 등에 빠지지 않도록 주의해야 한다.

적합한 차: 홍차, 중발효 우롱차, 흑차 등 따뜻하고 올리는 성질의 차가 좋다.

3. 음식에 따른 차 마시는 방법

《황제내경》에서는 건강 양생을 위해 음식을 먹을 때 여러 가지 주의해야 할 점을 설명하고 있다.

매운 음식: 매운맛은 발산하는 성격이 있으며 막힌 기를 풀어 주며 몸을 따뜻하게 해 주고 면역력을 강화시켜 준다. 또한, 소화를 돕고 위장을 보호하는 효과가 있다. 하지만 매운 음식을 먹을 때는 적당한 양을 먹는 것이 중요하다. 과도한 매운 음식 섭취는 위장 장애를 유발할 수 있다. 매운 음식을 먹을 때는 적당한 시간에 먹는 것도 중요하다. 너무 늦은 시간에 매운 음식을 먹으면 소화불량이나 위장장애 등의 문제가 생길 수 있다. 매운 음식을 먹을 때는 자신의 체질과 건강 상태를 고려하여 적절한 양과 시간을 조절하는 것이 중요하다.
적합한 차: 녹차, 백차, 황차, 보이생차 등의 내리는 성질의 차가 매운맛을 중화시켜 주며, 체내 수분을 보충할 수 있어 좋다.

찬 음식: 찬 음식을 먹을 때는 적당한 양을 먹는 것이 아주 중요하다. 과도한 찬 음식 섭취는 위장 장애를 유발할 수 있으며, 몸을 차게 만들어 소화불량, 복통, 설사 등 여러 가지 냉증과 관계된 병이 생길 수 있으며 면역력이 저하될 수 있다. 그래서 찬 음식을 먹을 때는 따뜻한 음식과 같이 먹는 것이 좋다.
적합한 차: 홍차, 중발효 우롱차, 흑차 등의 더운 성질의 차와 같이 마시면 위장을 보호하고 소화를 돕는 효과가 있다.

뜨거운 음식: 뜨거운 음식을 먹으면 혈압이 상승할 수 있어 심혈관 질환의 위험이 증가한다. 특히 고혈압 환자나 혈압이 높은 사람은 특히 주의해야 한다.

적합한 차: 녹차, 백차, 황차, 경발효 우롱차 등 비교적 찬 성질의 차가 뜨거움을 중화시킬 수 있기 때문에 좋다.

생 음식: 생선회 등 날것을 먹을 때는 식중독이나 기생충에 감염될 위험이 있기 때문에 위생에 특히 주의해야 한다. 그래서 항상 신선한 재료를 선택해야 하고 적절한 보관 방법을 사용하여 위생적인 환경에서 조리해야 한다.

적합한 차: 녹차, 백차, 황차, 경발효 우롱차 등 살균력이 우수한 차가 좋다.

4. 시간에 따른 차 마시는 방법

《황제내경》에서는 하루 중 아침, 점심, 저녁의 신체 변화에 따라 적절한 식사와 생활습관을 유지하는 것이 건강에 좋다고 강조하고 있다.

오전: 오전 시간에는 양기가 상승하기 시작하며, 이에 따라 인체의 대사가 활발해진다. 아침에는 소화기관이 아직 활성화되지 않았기 때문에, 가벼운 식사를 하는 것이 좋다. 아침 식사는 혈당을 조절하고, 에너지를 공급하는 데 중요한 역할을 하기 때문에 거르지 않는 것이 좋다.
적합한 차: 녹차, 백차, 황차 등 잠에서 깨어나 몸을 활발하게 움직일 수 있도록 도와주는 차가 좋다. 하지만 아침 공복에는 찻잎의 화학적 성분으로 인해 속이 쓰릴 수 있기 때문에 마시지 않은 것이 좋다.

오후: 점심에는 양기가 정점에 달하며, 이에 따라 인체의 대사가 더욱 활발해진다. 적절한 양의 점심 식사는 에너지를 보충하고, 오후 활동을 위한 준비를 하는 데 중요한 역할을 한다. 오후에는 산책을 하거나 스트레칭을 하는 등 몸을 움직이는 활동을 하는 것이 좋다.
적합한 차: 홍차, 우롱차, 흑차 등 스트레스를 해소해 주고 몸을 편안하게 해 주며 오후의 나른함에 힘을 줄 수 있는 따뜻한 성질의 차가 좋다.

저녁: 저녁에는 양기가 하강하기 시작하며, 이에 따라 인체의 대사가 느려진다. 저녁에는 소화기관이 느려지기 때문에, 가벼운 식사를 하는 것이 비교적 좋다. 저녁 식사는 혈당을 조절하고, 수면을 취하는 데 도움을 준다. 잠자기 전에는 마음을 편안하게 하고, 충분한 휴식을 취하는

것이 좋다.

적합한 차: 홍차, 흑차 등 몸을 따뜻하게 해 주고 숙면에 도움을 줄 수 있는 차가 좋다. 하지만 저녁 시간에 너무 농도가 진한 차는 숙면을 해칠 수 있기 때문에 주의해야 한다.

5. 체질에 따른 차 마시는 방법

중국의 전통적인 동양의학에서 체질을 분류하는 방법은 여러 가지가 있는데 일반적으로 체질을 아홉 가지로 분류하여 병이 생겼을 때 그 체질에 맞게 처방을 한다.

차를 마실 때도 자신의 체질을 잘 이해하고 체질에 맞추어 적합한 차를 지속적으로 음용하면 체질 개선에 많은 도움이 될 수 있다.

9가지 체질		
건강체질 健康	양허체질 怕冷	음허체질 缺水
기허체질 疲乏	기울체질 郁闷	습열체질 长痘
담습체질 肥胖	혈어체질 长斑	과민체질 过敏

출처: 王琦, 《中醫體質學》

건강체질: 일반적으로 신체가 건강한 사람으로 균형이 잘 잡히고 건장하다. 얼굴색, 피부색이 윤택하고 눈빛이 총명하며, 후각이 과민하고 입술이 불그스레하며 정력이 넘쳐흐르고, 잠을 잘 자며, 대소변이 정상이고, 혓바닥은 담홍색이며 설태는 엷고 흰색이며, 맥은 온화하고 생기가 있다. 성격이 온화하고 명랑하다. 평소에 병이 나는 경우가 적다.
적합한 차: 모든 차를 취향에 맞게 적당히 마셔도 된다.

양허체질: 양의 기운이 약한 사람으로 피부가 하얗고 비만이 많으며 근육이 건장하지 못하다. 평소 추운 것을 싫어하고 손발이 따뜻하지 못하며, 뜨거운 음식을 좋아한다. 정신이 왕성하지 못하고 추위를 견디지 못하며 여름을 좋아하고 겨울이 싫으며 성격은 차분하며 내성적이다. 추위로 병이 나기 쉽고, 담음, 부종에 의한 복부팽창, 설사, 양위에 잘 걸린다.
적합한 차: 중발효 우롱차, 홍차, 흑차 등 발효차가 좋다.

음허체질: 음의 기운이 약한 사람으로 더위를 참지 못하는 체질로, 변비 등의 증상이 있으며 손발에 땀이 많이 나는 체질이다. 체형은 키가 크고 마른 사람에게 많이 나타나며, 겨울을 잘 견디고 여름을 견디지 못하며 건조한 것을 수용하지 못한다. 성정이 조급하며 외향적으로 활동적이며 활발하다.
적합한 차: 녹차, 백차, 황차 등 경발효차나 불발효차가 좋다.

기허체질: 근육이 건장하지 못하다. 말수가 적으며, 몸이 쉽게 피곤하고, 쉽게 땀이 나며 추위·바람·더위를 잘 못 견딘다. 감기 등의 잔병에 자주 걸리고, 병이 쉽게 회복되지 않고, 내장하수 등에 잘 걸린다. 대체적으로 전체적인 기가 약하며 면역력 또한 약한 사람이다.
적합한 차: 우롱차(중발효), 홍차, 흑차 등 발효차가 좋다.

담습체질: 체형은 보통 뚱뚱하며 배가 많이 나온 사람이 담습체질에 속한다. 평소 땀이 많으며 피부에 기름기가 많은 체질이다. 성격이 온화, 진중, 공손, 겸손한 쪽으로 치우치며, 온화 활달하고 잘 참는 자가 많다. 소갈, 중풍, 흉비 등의 병증이 많다, 고혈압, 고지혈증에 잘 걸린다. 장마철이나 습한 환경에 적응 능력이 부족하다.

적합한 차: 녹차, 홍차, 우롱차, 흑차 등 모든 차에 관계없이 적당하게 마시는 것이 좋다.

습열체질: 체형이 지나치게 살찌거나 혹은 창백하고 여윈 편이다. 얼굴에 기름때가 끼거나 번들거리며, 여드름과 뾰루지가 잘 나고 성격은 다급하고 조급하며 쉽게 노한다. 종기가 잘 나고 황달, 화열 등의 병증이 많다. 습한 환경 혹은 무더운 늦여름, 초가을에 습열과 훈증이 교차하는 기후에 적응이 어렵다.
적합한 차: 녹차, 백차 등 불발효차나 경발효차가 좋다.

기울체질: 형체가 마른 사람이 많다. 정신적인 자극에 대한 적응 능력이 부족하며, 평소에 우울한 면모를 보이고 정신적으로 번민이 많아 즐거워하지 않는다. 성격이 내성적이고 불안정하며, 우울증에 취약하고, 민감하여 의심이 많다. 우울증, 히스테리, 불면증, 공황장애 등의 병증이 많다. 몹시 흐린 가운데 오는 비, 장마를 싫어한다.
적합한 차: 우롱차, 홍차, 흑차 등 발효차가 좋다.

어혈체질: 마른 사람이 다수를 차지한다. 평소에 얼굴색이 검고 피부도 한쪽으로 어둡거나 침착되어 있으며 걱정이 많고 곧잘 조급해한다. 출혈이 쉽게 일어나고 와사풍, 중풍 등에 잘 걸린다. 바람, 추위에 잘 못 견딘다.
적합한 차: 녹차나 백차 등 불발효차나 경발효차, 산사차나 장미꽃차 등도 좋다.

과민체질: 특수 체질이라고도 하는데 기형 혹은 선천적 생리적 결함이 있다. 유전성 질병이 직계로 유전되어 선천성·가족성의 특징이 있으며 여러 가지 알레르기 증상이 나타나는 경우가 많다.

적합한 차: 자신과의 특성에 맞게 잘 선택해서 진하지 않게 음용하는 것이 좋으며, 의사와 상담 후 음용하는 것이 중요하다.

시간에 따라, 감정에 따라, 먹는 음식에 따라, 체질에 따라 여러 가지 상황에서 차를 마시는 방법을 달리할 수 있다. 가장 중요한 것은 자신의 체질과 건강 상태에 맞는 차를 선택하여 개인적인 취향에 따라 적당하게 마시는 것이 가장 중요하다고 할 수 있다.

차를 마실 때는 천천히 마시면서 여유를 즐기는 것이 건강에 도움을 줄 수 있다. 차를 마시면서 명상을 하거나, 음악을 듣는 것도 좋은 방법이다. 또한 차를 마시면서 스트레스를 해소하고, 마음을 안정시키고 가족이나 친구와 함께 대화를 나누는 것도 건강 유지에 아주 바람직한 방법이다. 하지만 차를 마시면서 부작용이 발생할 경우에는 즉시 중단하고 전문가의 도움을 받는 것이 좋다.

차를 통하여 자신의 정신과 육체의 균형을 잘 조절할 수 있다면 그것이 가장 건강한 음차 방법이라고 할 수 있다.

Chapter 8.
차와 궁합이 좋은 것과 주의 사항

Chapter 8. 차와 궁합이 좋은 것과 주의 사항

1. 차와 궁합이 좋은 건강차

레몬(피부)
효능: 비타민C와 구연산 풍부, 감기예방, 혈액순환, 피부미용, 해독작용(디톡스), 피로회복, 소화촉진
마시는 법: 좀 피곤하거나 노곤함을 느낄 때 한 잔의 홍차나 녹차에 레몬을 한 조각 넣어서 레몬 홍차나 레몬 녹차를 마시면 상쾌한 기분을 느낄 수 있다.

생강(폐)
효능: 시토스테롤, 스티그마스테롤 및 캄페스테롤 풍부, 감기(기침), 해열작용, 항암효과, 소화촉진, 해독작용(디톡스), 설사 및 배탈에 효능
마시는 법: 감기 기운이 있어 몸이 으슬으슬 추울 때 한 잔의 홍차에 생강을 두세 조각 썰어서 생강 홍차를 타서 마시면 감기 예방에 좋은 효과를 얻을 수 있다.

구기자(간)

효능: 피로개선, 눈과 간 건강, 보간명목

마시는 법: 현대인들은 컴퓨터로 작업을 많이 한다. 그래서 오후 시간이 되면 눈이 뻑뻑함을 느낄 때가 많다. 그때 한 잔의 홍차에 구기차 약 10개 정도를 같이 우려서 마시면 눈의 피로개선에 좋다.

산사(비위)

효능: 소화를 촉진하며 고기를 먹고 체했을 때 효과가 있고 복통, 구토, 설사, 위산과다, 만성장염 등에 좋다.

마시는 법: 산에서 나는 사과라고 하여 산사라고 하는데 우리가 보통 음식을 먹고 체했을 때 또는 복통 및 설사가 있을 때 좋은 차가 산사이다. 특히 녹차에 산사를 두세 조각 넣어서 우려서 마시면 효과를 볼 수 있다.

대추(비위, 위장)

효능: 한방에서는 이뇨·강장(强壯)·완화제(緩和劑)로 쓰인다.

마시는 법: 대추는 단맛이 있어서 먹기에도 아주 좋다. 보통 잠이 잘 오지 않을 때 흑차 종류와 대추의 씨를 빼고 두세 편을 같이 우려서 마시면 숙면에 도움을 준다. 그런데 주의할 것은 차를 우릴 때 카페인에 민감한 사람은 아주 연하게 우리는 것이 중요하다.

효능: 스티그마스테롤 및 캄페스테롤→감기 시토스테롤(기침), 해열작용, 항암효과, 소화촉진, 해독작용(디톡스), 설사 및 배탈에 효능

효능: 비타민 C와 구연산 풍부→감기예방, 혈액순환, 피부미용, 해독작용(디톡스), 피로회복, 소화촉진

효능: 한방에서는 이뇨, 강장, 완화제

효능: 피로개선, 눈과 간 건강, 보간명목

효능: 소화를 촉진하며 고기를 먹고 체했을 때 효과가 있고 복통, 구토, 설사, 위산과다, 만성장염에 효능

2. 맛과 향을 더 풍미롭게 하는 꽃차

차를 꽃과 함께 우리면 맛과 향이 더할 뿐만 아니라 멋과 운치도 있다. 또한 여러 가지 좋은 효능이 있다. 꽃차를 우리는 방법은 특별한 것이 없고 분위기에 따라, 상황에 따라, 개인의 취향에 따라 전통차를 기본으로 하여 조금씩 넣어서 우리면 무난하다. 특히 꽃차는 여성들에게 잘 어울린다.

자스민(茉莉花)
비타민C와 구연산 풍부, 감기예방, 혈액순환, 피부미용, 해독작용(디톡스), 피로회복, 소화촉진, 남자의 전립선·발기부전과 여자의 생리 정상화·생리통 등 생식기 문제에 좋고, 산후 통증 완화, 모유 촉진, 냉증에 효능이 있다.

장미(玫瑰)
비타민E와 K가 풍부해 피부를 재생시켜 주는 데 효과적이며, 유해환경이나 화장으로 지친 피부를 생기 있게 해 주는 데도 효과적이다.

국화(菊花)
간 건강, 면역력, 노화, 성인병, 두통, 불면증, 눈의 피로, 숙취 해소에 좋다.

금은화(金銀花)
우리나라에서는 보통 인동(忍冬)이라고 불리는 것인데 해열, 해독, 항균, 항바이러스, 항진균, 항염증, 수렴, 이뇨작용, 특히 염증에 좋아 종기, 피부가 헐어 생긴 염증에 탁월한 효과가 있다.

자스민(茉莉花):
비타민 C와 구연산 풍부, 감기 예방, 혈액순환, 피부미용, 해독작용(디톡스), 피로회복, 소화촉진, 남자의 전립선, 발기부전 등 생식기 문제에 있어 생리 정상화, 여자의 생리통, 산후 통증 완화, 모유 촉진, 냉증에 효능

국화(菊花):
간 건강에 좋음, 면역력, 노화, 성인병, 두통, 불면증, 눈의 피로, 숙취 해소

장미(玫瑰):
비타민E와 K가 풍부해 피부를 재생시켜 주는 데 효과적이며, 유해환경이나 화장으로 지친 피부를 생기 있게 해 주는 데도 효과적

금은화(金銀花):
우리나라에서는 보통 인동이라고 불리는 것인데 해열, 해독, 항균, 항바이러스항진균, 항염증, 수렴, 이뇨작용, 특히 염증에 좋아 종기, 피부가 헐어 생긴 염증에 탁월

3. 차를 마실 때 주의 사항

1) 공복에 차를 마시지 않는다
폴리페놀 성분이 위를 자극하여 속이 쓰리고 소화를 방해할 수 있다.

2) 잠자기 전에 마시지 않는다
심신 건강이 약한 사람이나 카페인에 민감한 사람은 카페인의 영향으로 수면이 방해될 수 있다.

3) 철분이 필요한 사람(임산부나 노약자, 수술 등 심한 출혈이 있을 경우)
차의 폴리페놀 성분이 철분과 잘 결합하여 체내 흡수를 방해한다.

4) 약을 먹을 때 차와 같이 마시지 않는다
차의 폴리페놀이 약의 유효 성분과 결합하여 약의 효능을 떨어뜨릴 수가 있다.

5) 하룻밤 지난 차는 마시지 않는다
차 속의 당류나 단백질이 각종 미생물 등에 오염됐을 가능성이 있다.

6) 처음 우린 찻물은 마시지 않는다
보통 차를 제조하는 과정에서 먼지, 세균 등 여러 가지에 오염될 수 있다. 그래서 차를 우릴 때 처음에 한 번 찻잎을 씻어 내고 마시면 더 위생적이라 할 수 있다.

7) 습관성 변비 환자들에게는 녹차는 좋지 않다

녹차의 폴리페놀 성분은 단백질과 잘 합성하는 성질을 가지고 있어 특히 변비가 심한 경우에는 변비를 악화시킬 수 있다.

4. 차를 마시는 양

차를 하루에 얼마쯤 마시면 가장 적당할까? 한 번에 얼마쯤 마셔야 할까?

차를 매일 적당히 꾸준하게 마시면 건강에 도움이 된다는 것은 누구나 알고 있다. 그러면 대체 하루에 얼마만큼의 양을 마셔야 될까? 몸에 좋다고 무작정 많이 마신다고 몸에 도움이 되지 않는다. 오히려 정도가 지나치면 몸에 더 해로울 수 있음에 유의해야 한다. 좀 오래되기는 했지만 참고할 만한 자료인 미국의 《차와 커피 무역, 1907년》이라는 잡지에서 일반적이 보통사람이 건강을 위하여 하루에 하루 4잔에서 5잔의 차를 마시면 도움이 된다고 한다. 여기서 한잔의 기준은 240㎖이다.

중국 절강대학의 차학과 도유영 교수(屠幼英教授)의 《차와 건강(茶与健康), 2011년》에서 성인은 하루에 5~15g정도가 적당하며 찻물은 400~1,500㎖로 마시는 것이 적당하다고 한다.

그렇지만 상황에 따라, 사람에 따라 그 양을 조절 가능하다고 한다. 운동량이 많거나, 체력 소비가 많은 사람, 음식량이 많은 사람은 보통 사람보다 5g 정도 많은 15~20g 정도, 육식 위주의 식사가 많은 사람, 채소의 섭취가 적은 사람, 고산지역에 사는 사람 등은 더 많은 양인 20~30g을 마셔도 가능하다고 한다. 또한 심신이 약한 사람, 정신쇠약자, 빈혈 환자, 심장질환이 있는 경우는 의사와 상담 후 진하지 않게 적당하게 마시는 것이 좋다.

차를 한 번에 마시는 양은 일정한 기준이 없다. 그런데 한 번에 너무 많은 양을 마시면 자주 화장실을 찾게 되는 부작용이 있는 만큼 일정한 시간을 두고 조금씩 천천히 마시는 것이 좋다고 하겠다.

> **참고**

* 과유불급

　차를 마실 때 나이에 따라, 건강상태에 따라, 생활환경에 따라, 기후에 따라, 개인적 습관에 따라 달리할 수 있으나 가장 중요한 것은 정도가 지나치지 않게 적당하게 본인의 취향과 기호에 따라 마시는 것이 제일 중요하다.

5. 차와 관련된 좋은 글귀

《칠완다가(七碗茶歌)》

"첫째 잔은 목과 입술을 적시고, 둘째 잔은 외로운 고민을 달래고, 셋째 잔은 마른 창자를 풀어 주니 오직 뱃속에는 문자 오천 권이 있을 뿐이라오."로 시작하는 〈일곱 잔의 차를 마시며(칠완다시(七碗茶詩))〉는 차를 좋아하는 다인들에게 가장 많이 회자되고 있는 칠완가(七碗歌)로 《흠정사고전서(欽定四庫全書)》 속 《다경권하2(續茶經卷下之二)》의 〈육다지음(六茶之飮)〉 속에 노동의 다가(茶歌)로 실려 있으나 뒤에 일부분이 생략되어 있으며, 바이두백과(百度百科)에는 〈칠완다〉, 〈칠완다가〉, 〈칠완다시〉라는 제목으로 실려 있고 《走筆謝孟諫議寄新茶: 붓을 놀려 맹간의(孟諫議)가 새 차를 보내 준 것에 사례하다》를 출처로 하고 있다.

《走筆謝孟諫議寄新茶》
盧仝(노동)

日高丈五睡正濃(일고장오수정농), 軍將扣門驚周公(군장구문경주공).
口傳諫議送書信(구전간의송서신), 白絹斜封三道印(백견사봉삼도인).
開緘宛見諫議面(개함완견간의면), 首閱月團三百片(수열월단삼백편).
聞道新年入山裏(문도신년입산리), 蟄蟲驚動春風起(칩충경동춘풍기).
天子須嘗陽羨茶(천자수상양선다), 百草不敢先開花(백초불감선개화).
仁風暗結珠蓓蕾(인풍암결주배뢰), 先春抽出黃金芽(선춘추출황금아).
摘鮮焙芳旋封裏(적선배방선봉과), 至精至好且不奢(지정지호차불사).
至尊之餘合王公(지존지여합왕공), 何事便到山人家(하사변도산인가).
柴門反關無俗客(시문반관무속객), 紗帽籠頭自煎喫(사모롱두자전끽).

碧雲引風吹不斷(벽운인풍취부단), 白花浮光凝碗面(백화부광응완면).
一碗喉吻潤(일완후문윤), 二碗破孤悶(이완파고민)
三碗搜枯腸(삼완수고장), 惟有文字五千卷(유유문자오천권).
四碗發輕汗(사완발경한), 平生不平事(평생불평사).
盡向毛孔散(진향모공산).
五碗肌骨淸(오완기골청), 六碗通仙靈(육완통선령).
七碗喫不得也(칠완끽부득야), 唯覺兩腋習習淸風生(유각양액습습청풍생).
蓬萊山(봉래산), 在何處(재하처)? 玉川子乘此淸風欲歸去(옥천자승차풍욕귀거).
山上群仙司下土(산상군선사하토), 地位淸高隔風雨(지위청고격풍우).
安得知百萬億蒼生(안득지백만억창생), 命墮顚崖受辛苦(명타전애수신고).
便從諫議問蒼生(변종간의문창생), 到頭合得蘇息否(도두합득소식부).

해가 한 발이나 높도록 잠이 바로 깊었는데
군장(軍將)이 문 두드려 주공(周公)의 꿈 놀라 깨게 하였네.
입으로 전하기를 간의대부(諫議大夫)가 서신 보내었다 하니
흰 비단에 비스듬히 봉하고 세 개의 도장 찍었구나.
봉함(封緘) 열자 완연히 간의대부(諫議大夫)의 얼굴 보는 듯하니
첫 번째로 월단(月團) 삼백 편 보았노라.
들으니 새해의 기운 산속에 들어와
땅속에 숨어 있던 벌레 놀라 움직이고 봄바람 일으킨다네.
천자(天子)는 모름지기 양선(陽羨)의 차 맛보셨을 것이니
온갖 풀들 감히 차보다 먼저 꽃 피우지 못했으리라.
온화한 바람에 살며시 진주 같은 꽃봉오리 맺히니

봄에 앞서 황금 같은 싹 돋아났으리라.
신선한 싹 따서 향기롭게 볶아 곧바로 싸서 봉함(封緘)하니
지극히 정(精)하고 지극히 좋으면서도 사치하지 않다오.
지존(至尊)께서 드신 나머지는 왕공(王公)에게나 적합한데
어인 일로 곧 산인(山人)의 집에 이르렀나.
사립문 다시 닫아 세속의 손님 없으니
사모(紗帽)로 머리 감싸고는 스스로 차 끓여 마신다오.
푸른 구름 같은 차 연기 바람을 끌어 끊임없이 불어 대고
흰 꽃 같은 차 거품 빛이 떠 찻잔 표면에 엉겨 있네.

첫째 잔은 목과 입술 적시고
둘째 잔은 외로운 고민 달래고
셋째 잔은 마른 창자 헤쳐 주니
오직 뱃속에는 문자 오천 권이 있을 뿐이라오.
넷째 잔은 가벼운 땀을 내니 평생에 불평스러운 일 모두 땀구멍 향해 흩어지게 하네.
다섯째 잔은 기골(肌骨)을 깨끗하게 하고
여섯째 잔은 신령(神靈)을 통하게 하며
일곱째 잔은 마실 것도 없이 겨드랑이에 날개 돋아 습습히 청풍이 잎을 느끼네.

봉래산(蓬萊山)은 어느 곳에 있는가?
옥천자(玉川子)는 이 청풍(淸風) 타고 돌아가고 싶다오.
산 위의 여러 신선들 하토(下土) 맡았으나

지위가 청고(淸高)하여 풍진(風塵) 세상과 막혔네.
어찌 알겠는가 백만억조의 창생(蒼生)들
운명이 높은 벼랑에 떨어져 고통받음을.
곧 간의대부(諫議大夫)에게 창생을 묻노니
필경에는 마땅히 소생(蘇生)함을 얻겠는가.
자료출처: [고문진보]茶歌(다가)/七碗茶(칠완다)/七碗茶歌(칠완다가) - 盧仝(노동)|

음차십덕(饮茶十德)

유정량(刘贞亮, ?~813년), 당나라 시대의 환관으로 차로써 얻을 수 있는 10가지 덕목을 정리하였다.

　一, 以茶散郁气 이다산욱기: 차로써 우울한 기운을 흩어지게 하고
　二, 以茶驱睡意 이다구수기: 차로써 졸음을 쫓아내고
　三, 以茶养生气 이다양생기: 차로써 생기를 북돋우고
　四, 以茶除病气 이다제병기: 차로써 병의 기운을 없애고
　五, 以茶利礼仁 이다이예인: 차로써 예와 인을 이롭게 하고
　六, 以茶表敬意 이다표경의: 차로써 경의를 나타내고
　七, 以茶尝滋味 이다상자미: 차로써 맛을 음미하고
　八, 以茶养身体 이다양신체: 차로써 신체를 기르고
　九, 以茶可行道 이다가행도: 차로써 가히 도를 행하고
　十, 以茶可雅志 이다가야지: 차로써 가히 뜻을 우아하게 만든다.

나가면서

　코로나 팬데믹 이후 건강에 대한 관심이 높아지면서 차가 가진 다양한 영향이 많은 사람들로부터 주목받고 있다. 차에는 항산화 물질과 비타민이 풍부하게 함유되어 있어 면역 시스템을 강화하고 감염병에 대한 저항력을 향상시킬 수 있다. 그뿐만 아니라 스트레스를 완화하고 심신 안정을 촉진할 수 있어 정신적인 웰빙을 증진시킬 수 있다. 또한 차를 마시는 행위는 가족, 친구, 동료와의 소셜 연결을 촉진하는 방법이 될 수도 있다. 건강 음료로서 차는 사람들이 적절한 수분을 섭취하고 과다한 당분을 피하게 돕는다. 다양한 차의 맛과 향을 즐기며 식사와 함께 마시면 건강한 식습관을 촉진할 수 있다. 이렇듯 차는 여러 가지 좋은 효능을 가지고 있다.

　중국 속어에 "건강요도 양생요차(健康有道 , 养生有茶)"라는 말이 있다. 건강에는 그에 따른 도리가 있고 양생에는 반드시 차가 있다고 한다.
　이것은 "건강을 유지하기 위해서는 자연에 순응하는 생활을 유지해야 하며, 또 병에 걸리지 않도록 건강을 관리하기 위해서는 반드시 차가 같이한다."로 해석할 수 있는데 차 생활은 무병을 위한 하나의 생활양식이라고 볼 수 있다.

하지만 차는 만병통치약이 아니다. 아무리 좋은 것이라도 지나치면 모자람만 못 하다고 한다. 건강 유지를 위해서 조화로운 것을 찾아가는 하나의 방법으로 차가 정신건강 및 육체건강에 효능을 주는 음료임을 인식하고 본인의 체질과 상황에 맞게 적당하게 마시는 것이 좋다.

건강 음료로서 항상 적절한 섭취량을 유지하고, 다른 건강 습관과 조화롭게 유지하는 것이야 말로 건강하게 백수를 누릴 수 있는 방법이라고 생각한다.

예로부터 나이가 많은 어르신들의 장수와 관련하여 부르는 별칭이 있다.
77세의 희수(喜壽): 기쁠 희(喜) 자를 초서체로 쓰면 그 모양이 七十七을 세로로 써 놓은 것과 비슷해서 부르는 말.
88세의 미수(米壽): 쌀 미(米) 자를 풀어서 쓰면 '팔(八) + 팔(八)'이 되어 이를 합치면 88이 되기 때문에 부르는 말.
99세의 백수(白壽): 일백 백(百) 자에서 '一'을 빼면 99가 되는 데서 유래하여 부르는 말.

그런데 중국에서는 이에 더해 108세의 차수(茶壽)가 있다.
108세의 차수(茶壽): 상단의 부수 초두변은 열 십(十) 자가 두 개로 20을, 그 아래의 '人' 자를 떼면 '八', 맨 밑의 '木' 자는 '十'과 '八' 자로 분리하여 이를 연결하면 八十八(88)을 의미하므로, 20 더하기 88, 즉 108세가 됨.

그래서 중국 사람들은 생활 속에서 차를 지속적으로 마시면 108세까지 살 수 있다고 한다. 비록 과장되었을지는 모르겠지만 차가 그만큼 건강에 좋다는 의미일 수는 있다.

차를 통하여 다 같이 건강하게 108수를 누릴 수 있는 그날이 오기를 기대한다.

부록 #1.
보이차 이해

부록 #1. 보이차 이해

우리나라에서 요즘 큰 인기를 끌고 있는 차는 다름 아닌 보이차(普洱茶)다. 다이어트 열풍과 함께 보이차가 다이어트에 효능이 있다는 것이 알려지면서, 일부 전통 보이차뿐만 아니라 알약 형태로 만들어 먹는 보이차까지 출시되어 있다. 또 흔히 오래 묵을수록 맛이나 향, 약효가 더 뛰어난 차로 알려져 오래된 차들은 엄청나게 비싼 가격으로 판매되고 있다. 중국 현지에서도 다이어트와 항암에 효과가 있다는 얘기가 널리 퍼지면서 최근 2000년 이후부터 보이차 바람이 불고 있다. 하지만 보이차의 화학적 효능에 대해 너무 과대 포장 되어 있는 부분이 적지 않으며 가격 또한 터무니없는 경우가 많다. 보이차에 대해 기본적인 부분만이라도 이해하고 살펴서 올바른 보이차 소비문화를 형성하는 것이 중요하다.

보이차에 관한 연구는 중국 운남농업대학의 공가순 교수와 주홍걸 교수가 중국 차 학계 내에서 거의 독보적인 존재이다. 이 두 교수가 국가의 지원을 받아 연구하여 2011년에 발표한 『운남 보이차 화학』에서는 거의 10여 년에 걸친 자료 수집과 연구 논문을 통해 보이차의 성분과 효능에 관하여 보고하고 있으며 보이차를 연구하는 사람에게는 필수 서적이나 다름이 없다. 우리나라에서도 『운남 보이차 과학』이라는 이름으로 번역되어 출판되어 있다. 보이차를 체계적, 자연과학적, 학문적 연구로 더 자세히 이해하려면 『운남 보이차 과학』이 좋은 지침서가 될 것 같다.

본 부록에서는 보이차의 이해를 돕기 위해 간단히 정리하여 소개한다.

1. 보이차의 정의

보이차는 중국 정부에서 '운남성에서 생산된 대엽종의 찻잎을 쇄청건조(햇빛 에서 자연건조)시킨 모차를 원료로 하여 가공한 것으로 생차와 숙차의 두 가지로 분류한다.'라고 정의되어 있다. 보이차는 일반적으로 제조 방법에 따라 생차와 숙차, 모양에 따라 산차와 긴압차로 분류를 한다.

보이차가 생산되는 지역은 중국의 운남성의 보이 지역으로 중국 대륙의 서남쪽에 위치하며 대부분 산지로 이루어진 곳이다. 이곳은 중국 소수민족이 가장 많은 곳 중에 하나로 소수민족들의 문화와 풍습 등이 많이 보존되어 있다. 운남 지역은 세계에서 가장 오래된 차나무가 남아서 보존되고 있기도 하다. 보이는 명·청 시기에 지금의 서쌍판납(西雙版納) 및 사모(思茅) 지역을 관장하던 행정 소재지 명칭이다. 운남성 남부를 관할하던 이 행정 소재지에 당시의 운남산 차들이 모여들었기 때문에 보이차라는 명칭이 생겨나게 되었다. 기존의 사모시(思茅市)가 보이시(普洱市, 푸얼시)로 개명했다.

보이차의 특징은 찻잎과 차탕의 색이 적갈색 혹은 흑갈색을 띠며 그 맛과 향은 묵직한 바디감과 함께 아주 오래된 중후하고 농후한 풍미를 풍기는 것이다.

2. 보이차의 역사

운남 보이 지역에서는 아직도 여러 소수민족에 의한 차에 관한 여러 전설과 풍습이 전해지고 있으며, 일부 민족은 차나무를 조상신으로 숭배하는 것으로 봐서는 차에 관한 역사가 꽤 오래되었다고 볼 수 있다. 여러 문헌적 자료들이 남아 있기는 하지만 기록상으로 가장 믿을 수 있는 자료는 당나라 함통 3년(862년)에 번작(樊綽)이 쓴 『만서(蠻書)』의 제7권 기록이다. 이에 따르면 "차는 은생성(銀生城) 지역의 여러 산에서 생산되고 수확하여 일정한 제다법이 없었다. 몽사만(蒙舍) 사람들이 산초나무, 생강, 계피와 함께 끓여서 마신다."라는 기록이 있다. 『만서(蠻書)』는 운남성(云南省)에 대한 가장 오래된 사서(史書)이며, 은생성(銀生城) 지역은 지금의 운남성 남부 경동, 보이, 서쌍반납 일대 지역이며 몽사만은 남조국을 세운 사람들이다. 남조국은 당나라 때 운남의 대리 지역을 중심으로 번성했던 나라이다. 또한 은생성 지역에서 생산된 차는 운남대엽종으로 고증되었다.

보이차라는 정식 명칭이 처음으로 문헌상에 나타나는 시기는 명나라 때이다. 명나라 만력 연간(1573~1619)에 편찬된 『운남통지(雲南通志)』에 따르면 "운남에 차의 유통과 소비가 가장 많았다."라는 기록이 있다. 같은 시기에 사조제가 쓴 『전략(滇略)』에서 "사대부와 일반 백성이 모두 보차를 마신다."라는 기록이 있다. 『운남통지』와 『전략』은 보이차라는 이름의 유래를 판단하는 중요한 자료이다. 여기에서 말하는 보차가 보이차(普耳茶)의 '普'를 사용한 보차이다.

보이차는 제품이 만들어진 시기에 따라 세대별로 구분을 하는데 학자마다 조금 다른 견해를 가지고 있다.

1세대: 청나라 말부터 1950년 초까지 생산된 보이차로 골동 보이차, 혹은 호자급(號字級) 보이차로도 불리며 복원창호, 동경호, 동흥호, 송빙호, 경창호 등의 차창에서 생산되었다.

2세대: 1950년대 초반부터 1972년까지 생산된 보이차로 소위 인자급(印字級) 보이차라 부른다. 홍인, 남인, 녹인 등이 있다. 1세대와 2세대를 묶어 고대 보이차라고도 부른다.

3세대: 1973년 이후 악퇴의 제다법을 사용하여 만들어진 현대식 숙차 보이차가 등장한 시기이다. 7542, 8582 등의 숫자가 붙는 것이 특징 있어 흔히 숫자급 보이차라고도 한다.

숫자급 보이차는 보통 네 자리로 되어 있는데 통상 앞의 두 자리는 상품이 생산된 연도를 표시하고 세 번째 자리는 모차(보이차 원료가 되는 찻잎)의 평균 등급, 마지막 네 번째 자리는 차를 생산한 차장을 뜻한다고 한다.

1975년 중국이 국가 경제 계획제도가 실시되면서 보이차 4대차창(普洱茶的四大茶厂)은 고유번호를 부여받게 되었다. 곤명차창(昆明茶厂)은 1, 맹해차창(勐海茶厂)은 2, 하관차창(下关茶厂)은 3, 보이차창(普洱茶厂)은 4이다.

이후 곤명차창은 운남중차차업, 맹해차창은 대익차업집단, 하관차창은 하관타차집단, 보이차창은 운남보이차집단으로 이름을 바꾸어 현재에 이른다.

2003년 이후 유통 개혁이 일어나며 보통 보이차의 4세대라고 부르기도 한다.

3. 보이차의 분류

보이차는 가공 방법에 따라 생차와 숙차, 저장 방법에 따라 건창보이와 숙창보이, 형태에 따라 병차, 타차, 전차, 산차 등으로 그 분류를 달리한다.

보이차 분류

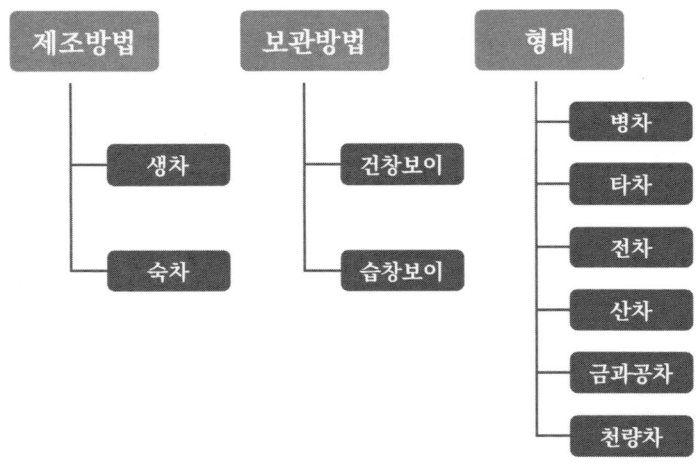

4. 보이생차와 보이숙차 비교

1) 가공 방법

보이생차: 생차는 원료 가공이 끝난 모차(녹차의 가공법과 동일)를 바로 건조하여 산차 혹은 긴압 형태로 가공한다.

보이숙차: 보이숙차는 원료 가공이 끝난 모차를 일반적으로 약 45일 정도의 고체 발효 후 긴압차나 산차 형태로 가공한다. 고체 발효는 차를 일정한 양으로 일정한 온도와 습도에서 일정한 시간 동안 미생물에 의해 발효시키는 과정을 말하는데 보통 악퇴라고도 한다. 이 악퇴의 과정을 통하여 미생물에 의한 발효가 일어나 여러 가지 화학적 변화가 일어난다.

2) 품질 특징

구분	보이생차	보이숙차
외관	청녹색 혹은 흑녹색	흑갈색 혹은 적갈색
탕 색	금황색	적홍색 혹은 갈색
엽저	황록색	적갈색
맛	쓰고 떫은 맛	진향의 성숙되고 중후한 맛

5. 보이차의 효능

보이차는 숙차와 생차의 성분 차이로 인한 효능에도 약간의 차이가 있다. 숙차는 그 성질이 온화하며 반대로 생차는 녹차의 성질과 비슷한 찬 성질을 가지고 있다. 그래서 체질적으로 냉증이 있거나 음의 기운이 강한 사람은 조심하는 것이 좋다.

1. 고지혈증, 다이어트, 동맥경화에 좋은 효과가 있다.
2. 적당한 농도로 보이차를 지속해서 마시면 위, 장 건강에 좋은 효과 있다.
3. 소염, 살균 등의 효과가 있다.
4. 항노화작용으로 젊음을 유지할 수 있다.
5. 변비 및 해독에도 좋은 효과가 있다.

요즈음 한국에서는 보이차의 효능에 대해서 지나치게 과장되어 있는 부분이 없지 않다. 보이차 역시 찻잎으로 만든 음료로 여러 가지 좋은 효과들이 있지만 과용하면 안 되며, 적당량을 농도가 너무 진하게 마시지 않는 것이 좋다. 동물 실험을 통해서 다이어트에도 효과가 있는 것으로 나와 있지만, 너무 맹신하는 것은 좋지 않다. 적당한 운동, 알맞은 식단 조절과 더불어 보이차를 한잔 한다면 금상첨화가 아닐까 한다.

6. 운남 4대 보이차 산지

중국 운남성의 보이차를 생산하는 4대 차구는 서쌍판납(西双版纳), 보이시(普洱市), 임창시(临沧市), 보산시(保山市) 일대 지역이다

1) 서쌍판납(西双版纳)
보이차 생산 역사가 가장 오래되고 생산량도 가장 많은 지역이다. 청나라 때 유명했던 고(古) 육대차산이 주로 서쌍판납의 맹랍현에 분포되어 있다. 노반장, 이무, 의방, 포랑산 등의 차산이 있는 곳이다.

2) 보이시(普洱市)
본래 사모시에서 보이차로 인해 보이시로 이름이 바뀐 시. 운남시 중 가장 넓으며 고수 자원이 풍부한 곳이다. 경매차산이 있는 지역이다.

3) 임창시(临沧市)
전홍이 유명하고 대표 고차수로 빙도, 석귀가 있다. 하관차창의 타차 원료로 생산되는 지역이다.

4) 보산시(保山市)
난창강 유역은 아니고 고다원이 많지 않으나 비교적 많은 종류의 운남 야생차가 분포되어 있다.

7. 보이차 선택 방법

1) 안전성 평가

보이차를 선택할 때 가장 중요하게 생각해야 될 것이 안전성의 문제이다. 잔류 농약, 유해 중금속 잔류, 유해 미생물의 잔류, 고체발효(악퇴) 시 이물질이나 분진 오염 등 여러 가지 차의 안전성에 문제를 일으킬 수 있다. 중국에서 2007년 이후부터 판매 최소 단위의 포장에 질량 안전을 위한 QS마크를 부착한 상품만이 시중에 유통될 수 있도록 하고 있는데 QS마크가 표시되어 있는 상품을 고르는 것이 상대적으로 좋을 수 있다. QS마크 획득에 필요한 여러 가지 조건 및 유지는 중국 정부에서 엄격하게 관리를 하고 있다. 또한 중국 정부에서 식용농산물에 대해서 엄격하게 관리하고 있는 무공해 식품, 녹색 식품, 유기농 식품 등을 선택하는 것이 안전성으로부터 어느 정도 자유로울 수가 있다.

2) 감관 평가

안전성 다음으로 우수한 보이차의 품질에 대한 평가인데 좋은 보이차는 먼저 감관 평가로 품질의 좋고 나쁨을 판단할 수 있다. 감관 평가란 우리 신체의 감각기관을 통하여 차를 평가하는 것으로 차의 색, 향, 맛, 형태를 판단하게 되는데 차를 처음 접하는 사람에게는 어려울 수 있다. 하지만 본인의 취향과 입맛에 맞는 차를 고르는 것이 중요하다고 할 수 있다.

부록 #2.
중국 10대 명차

부록 #2. 중국 10대 명차

중국의 10대 명차에 대한 기준은 발표하는 기관별로, 시기별로 다소의 차이를 보이고 있는데 2002년도 홍콩문회보(香港文汇报)에 발표한 10대 중국 명차 목록에 따라 정리해 보면 아래와 같다.

1. 서호용정(西湖龙井)

서호용정은 중국 10대 명차 중에서도 첫 번째로 꼽히는 명차 중의 명차로 중국의 절강성 항주 서호용정촌(浙江省杭州市西湖龍井村) 지역이 주산지이다. 당나라 시대 육우가 쓴《다경(茶經)》에도 그 기록이 남아 있을 만큼 역사가 깊은 차로 1,200년 이상의 역사를 가지고 있다. 서호용정이란 이름이 불리기 시작한 것은 송나라 때부터이며 중국 왕실에 바치는 공차로서 '어차'라고도 불렀다. 중국의 10대 명차라고 하면 거의 빠지지 않고 제1순위에 위치하고 있는 것이 서호용정이며 현재에도 중국에서는 국가에 귀빈들이 방문할 때 서호용정 차를 많이 대접하고 있다.

"하늘에는 천당이 있고, 지상에는 소주와 항주가 있다(上有天堂, 下有蘇杭)."라는 말이 있을 정도로 소주(蘇州)와 항주(杭州)는 자연 경관이 아름답기로 유명한 지역이다.

중국에서는 좋은 산, 좋은 물에서 좋은 차가 난다고 한다. 그 이름에 걸맞은 차가 바로 서호용정차라고 할 수 있다.

이름	서호용정(西湖龍井)	육대차 분류	녹차
산지	절강성 항저우 서호일대 (浙江省杭州市西湖)	발효도	불발효차
탕색	연녹색	맛	신선하고 맑으며 단맛

1) 역사

수나라 때 베이징-항저우 대운하가 개통되면서 지리적 편리성, 교통이 요충지로 차가 많이 재배되었다. 사료에 따르면 당나라 육우가 지은 《다경(茶經)》에 항주 전당천축(钱塘天竺), 영은이사(灵隐二寺)에서 차가 생산되었다는 기록이 있는 것으로 봐서 서호용정차는 1,200년 이상의 역사를 가지고 있다고 할 수 있다. 송나라 시기에 왕실에 공납하는 공차(贡茶)로 지정되었으며 이 시기에 어느 정도 규모화된 것을 알 수 있다.

청나라 건륭황제(清乾隆皇帝)가 강남 지역 즉 항저우로 여행을 갔을 때 사봉산(獅峰山) 아래 호공묘(胡公庙)에서 서호용정을 음미하면서 "향민들은 차를 따고 만드는 법을, 임금은 차를 따는 모습을 보면 노래를 짓는다."라며 칭찬을 아끼지 않았다고 한다. 또한 용정차 열여덟 그루에 '어차'라는 칭호를 봉하여 용정차를 지존의 위치에 올려놓았다.

2) 분류

용정차는 일반적으로 생산되는 지역에 따라, 채엽의 시기에 따라 분류를 한다.

역사적으로 생산되는 지역에 따라 '사(봉산)', '용(정촌)', '운(서)', '호(포)'의 4가지로 분류를 하며, 중화민국 이후에는 '메(가오)'도 그중 하나로 현재는 서호용정 차로 통칭된다. 그중 사봉산에서 생산되는 사봉용정차를 최고로 여긴다.

사(獅): 생산지, 사봉산(獅峰)
용(龍): 생산지, 용정(龍井)
운(雲): 생산지, 운서(雲棲)
호(虎): 생산지, 호포(虎跑)
매(梅): 생산지, 매가오(梅家塢)

시기적으로는 청명절 전에 따서 가공한 차를 명전롱징차(明前龍井茶)라고 해서 최상품으로 여긴다.

3) 품질 특징

서호용정의 찻잎은 그 모양이 납작하고 뾰족하며 잎의 밑부분이 부드럽고 그 찻잎의 색은 에메랄드빛이 약간 도는 노란색을 띤다. 서호용정차의 형태는 납작하고 길이가 균일하며 밝고 광택이 있다. 향은 글로 정확하게 표현하기 어려울 정도로 높고 상쾌하며 달콤한 난향을 지니고 있으며 맛은 신선하고 맑으며 달콤하다. 청명절(清明節) 전에 수확한 용정차는 명전용정(明前龍井)으로 칭하며 최상품으로 친다.

4) 주요 생산 지역 및 자연적 환경

서호용정은 생산 지역이 1급 산지와 2급 산지로 나뉘는데 1급 산지는 전통적인 '사(봉산)', '용(정촌)', '운(서)', '호(포)', '매(자오)지역이며 2급 산지는 1급 산지 이외에서 생산되는 용정차이다.

서호 지역 일대는 기후가 온화하고 강우량과 일조량이 풍부하다. 토양은 약산성이며 토양층이 깊고 배수성이 우수하다. 지형은 남서쪽에서 북동쪽으로 계단식으로 경사져 있으며 남서쪽은 산지, 중앙은 구릉, 북동쪽은 낮은 충적 평야이다.

연평균 기온은 16℃, 연강수량은 약 1,500㎜, 연평균 일조시간은 1,710~2,100시간으로 차나무의 생육발육에 천혜적 자연적 조건을 갖추고 있다.

2. 동정벽라춘(洞庭碧螺春)

동정벽라춘은 강소성 소주시 오현 태호(江蘇省蘇州市吳縣太湖)의 동동정산(東洞庭山)과 서동정산(西東庭山) 일대에서 생산되어 '동정벽라춘(洞庭碧螺春)'이라고 불리는데 '원산지 상품 보호규정'에 의하여 강소성 소주 태호 동정산(洞庭山)의 133㎢ 반경 내에서 자라는 찻잎을 가지고 만든 것으로 규정하고 있다.

'동정벽라춘(洞庭碧螺春)'이라는 이름은 봄에 생산되며 찻잎의 색이 은녹색 혹은 청록색을 띠며 모양은 달팽이처럼 구불구불한 특징을 가지고 있다.

동정벽라춘은 여러 가지 과일 나무(복숭아, 자두, 살구, 매실, 감, 귤, 석류 등) 사이에서 간작(사이짓기)을 하는데 강한 태양열을 막아 주어 차의 감칠맛을 더한다. 특히 과일 향, 꽃 향이 가미되어 독특한 향기를 내는데 사람을 죽일 만큼 놀라운 향이라는 '혁살인향(嚇煞人香)'이라고 부르기도 한다.
매년 춘분 무렵 채엽을 시작하는데 청명절 전에 딴 찻잎으로 가공한 차를 최상품으로 친다.
당나라 때부터 공물로 지정되었으며 고대 사람들은 벽라춘을 '공부차(功夫茶)' 혹은 '신혈차(新血茶)'라고 불렀다.

이름	동정벽라춘 (洞庭碧螺春)	육대차 분류	녹차
산지	강소성 소주시 태호 동정산 (江蘇省蘇州市太湖洞庭山)	발효도	불발효차
탕색	연녹색	맛	과일 향이 더해진 맑은 감칠맛

1) 역사

'벽라춘'이라는 이름에 대한 유래는 청나라 강희연대(清代康熙年間)에 강희황제가 소주에 이르러 태호를 유람할 때 여기 차를 맛보고 감탄하여 탕 색이 푸르고 달팽이처럼 구불구불하다 하여 '벽라춘'이라는 이름을 하사했다고 한다. 또 차 이름의 다른 유래에 대해서는 명나라 때 이미 차 이름을 가졌다는 설이 있는데, 그 빛깔이 청록색이고 달팽이처럼 곱슬곱슬하며 봄에 벽라봉(碧螺峰)에서 따온다고 하여 '벽라춘'이라고 부른다고 한다.

벽라춘은 1,000년이 넘는 오랜 역사를 가지고 있으며 청나라 강희 시대에 매년 공물을 바치는 공차가 되었다.

2) 분류

동정벽라춘의 국가 표준 등급은 특1급, 특2급, 1급, 2급, 3급의 5단계로 나뉜다. 찻잎은 등급이 높아짐에 따라 커지고, 솜털은 감소한다. 덖을 때 고급일수록 솥의 온도를 낮게 하고, 투입량을 적게 하며, 모양을 만드는 힘을 적게 가한다.

3) 품질 특징

동정벽라춘은 광택이 있고 색은 에메랄드그린에 노란색을 띠며, 찻잎의 표면에 흰 솜털 즉 백호를 많이 포함하고 있다. 향이 강하고 향긋하고 꽃과 과일 향이 나며 동정의 독특한 토양과 물과 관련이 있다. 그 맛은 달콤하고 시원하며 순한 느낌이 있다. 탕 색은 약한 연두색을 띤다.

4) 주요 생산 지역 및 자연적 환경

동정벽라춘은 태호 동동정산과 서동정산에서 생산되는데 2002년 중국 '품질감독검사검역총국'의 승인을 받아 원산지 표시 제품의 보호를 받고 있다.

금정진(金庭鎭)의 12개 행정촌에서 차를 재배한다. 차밭의 면적은 약 965헥타르이다.

벽라춘의 주산지인 동정산 일대는 아열대 습윤 기후대에 속하며 여름에는 따뜻하고 습하며 비가 많이 오고 겨울에는 건조하고 춥고 계절풍이 뚜렷하다. 사계절이 뚜렷하며 겨울과 여름은 길고 봄과 가을은 짧고 강수량은 풍부하며 일조량이 충분하고 서리가 내리지 않는 기간이 긴 기후 특성을 가지고 있다. 연평균 기온이 15.5~16.5℃로 온화하며, 연강수량이 1,200~1,500㎜로 태호와 인접하여 공기가 습하고 안개가 많다. 또한 토양은 약산성 혹은 산성의 성긴 사질토로 차나무 성장에 최적의 조건을 가지고 있다.

3. 황산모봉(黃山毛峰)

황산모봉은 안휘성 황산 휘주(徽州) 일대에서 생산되어 휘차(徽茶)라고도 한다. 기록상으로는 청나라 광서시대(清代光绪年间)인 1875년 사유대(谢裕大) 차창에서 처음 만들었다고 알려져 있다. 매년 청명절, 곡우를 전후해서 우량종의 차나무인 황산종(黃山种), 황산대엽종(黃山大叶种) 등의 어린잎을 골라 가공을 하는데 모양이 약간 말려 있고 작설과 비슷하며 녹색에 황색의 중간색을 띠며 은빛 털이 드러난다.

맛이 부드럽고 달콤하며 향기가 난초와 같이 맛이 깊고 길다. 새로 만든 찻잎은 흰 털이 덮여 있고 새싹은 뾰족하고 신선한 잎은 황산의 높은 봉우리에서 채취하기 때문에 이 차를 황산모봉(黃山毛峰)이라고 부른다.

이름	황산모봉(黃山毛峰)	육대차 분류	녹차
산지	안휘성 황산풍경구 일대 (黃山徽州富溪一带)	발효도	불발효차
탕색	맑은 푸른색 (清碧微黄)	맛	시원하면서 감미로운 맛

1) 역사

휘주부지(徽州府誌)에 따르면 황산에서 차가 생산되기 시작한 것은 송나라 기우(嘉佑, 1056~1063)년간으로 명 융경(隆慶, 1567~1572)에 이르러 성행하기 시작했다. 또 명나라 시기에 휘주 황산에서 생산되는 황산운무(黃山云雾)라는 유명 차가 있었다고 기록하고 있다.

이 기록으로 봐서 안휘성 황산지역에서는 천 년 이상의 차 생산 역사를 가지고 있으며 명나라 시절에는 황산지역의 차가 상당히 유명했음을 알 수 있다.

명나라 시기 허차서(許次纾)는 다소(茶疏)에 기록하기를 천하의 명산에는 신령한 약초들이 자라는데 강남 지역은 기후가 온화하여 좋은 차가 많이 나며 당시 유명 차로 송라차(松蘿茶), 호구차(虎丘茶), 용정차(龍井茶) 등과 더불어 황산에서 생산되는 차도 그중 하나로 기록하고 있다.

청나라 강징운(江澄雲)은 《소호편록(素壺便錄)》에서 "황산에는 운무차가 있는데 높은 산에서 생산되며 연기와 구름이 출렁이고 안개가 자욱하며, 백 년이 된 것도 있다. 향기가 코를 찌르고 속미(俗味)가 없어서 차 중 으뜸으로 친다."라고 기술했다.

《황산지(黃山誌)》의 자료에 따르면 "연화암 옆에 돌 틈 사이에서 차가 자라는데, 향이 맑고 향긋하고 냉기 있는 것을 황산운무차(黃山云霧茶)라고 한다. 이것이 황산모봉차(黃山毛峰茶)의 전신이다."라고 한다.

황산모봉차라는 이름이 역사적으로 처음 등장하는 기록은 청나라 광서 연간(1875~1908)으로 《휘주상회자료(徽州商會資料)》에 의하면 황산모봉은 "청나라 광서 시대인 1875년 전후에 사정화(謝靜和)가 시장 수요에 부응하기 위해 사유태(谢裕泰)라는 차창을 세워 황산모봉이라는 이름으로 차를 판매하면서 시작되었다. 후에 사유대차호(谢裕大茶号)라는 공장에서 대량 가공하여 유럽으로 수출하였고, 동북, 화북 지역으로 판매하면서 그 명성을 알렸다."라고 기록하고 있다.

해방 이후 황산모봉은 명산에서 나는 명차로 황산운무차의 후신으로 여겨진다.

2) 분류

황산모봉은 어리고 가는 잎(細嫩)을 채엽하여 가공하는데 일반적으로 채엽의 기준에 따라 특급과 1등급에서 3등급까지를 표준으로 정해서 구분한다.

특급은 '일아일엽초전(一芽一葉初展)', 1등급은 '일아일엽(一芽一葉)'과 '일아이엽초전(一芽一葉初展)', 2등급은 일아일엽(一芽一葉)과 '일아이엽(一芽二葉)', 3등급은 '일아이·삼엽초전(一芽二·三葉初展)'이다.

특급 황산모봉은 청명(淸明) 전후에 채엽하여 가공한 것이고, 1~3등급 황산모봉은 곡우(穀雨) 전후에 채엽한다.

3) 품질 특징

황산모봉은 참새의 혀와 같이 생겼다고 하는 작설(雀舌)의 형태로 그 잎이 부드럽고 하얀 솜털로 덮여 윤기가 흐른다. 성숙된 잎은 황록색을 띠며, 차향이 오래 지속되며 맑다.

특급 황산모봉은, 그 형태가 작설(雀舌)의 형태이며 잎은 고르게 견실하다. 찻잎은 뾰족하고 하얀 솜털로 덮여 있으며, 빛깔은 마치 상아(象牙)와 같다. 다 자란 찻잎은 황금빛을 띠고 있으며, 맑은 차향이 높고 오래 지속된다.

4) 주요 생산 지역 및 자연적 환경

황산모봉의 주요 생산지는 안휘성 황산 풍경구와 인접한 일대로 황산

풍경구 내의 해발 700~800m의 도화봉, 자운봉, 운곡사, 송곡암, 조교암, 자광각 일대가 '특급 황산 모봉'의 주산지이다.

　북위 30°8′의 위치에 있는 지역으로 아열대 및 온대 지역에 위치하여 기후가 온화하고 강우량이 풍부하다. 연평균 온도가 15~16℃며, 연평균 강수량이 1,800~2,000㎜이다. 지질 중 각종 미네랄 성분과 수분이 풍부하고 토질이 부드럽고 투수성이 좋은 편이다. 약산성의 토양으로 차의 재배 생산에 적합한 자연적 환경을 지니고 있다.

4. 군산은침(君山银针)

중국의 육대차분류 중 황차에 속하는 것으로 황차 중에서 가장 으뜸으로 여긴다. 주요 생산지는 중국 호남성 악양 동정호(湖南岳阳洞庭湖君山) 지역이며 어린싹으로 가공을 하는데 그 모양이 바늘처럼 가는 침 모양이며 하얀 솜털(백호)이 많이 피어 있어 은침이라고 하는데 지역 이름과 합하여 군산은침이라 부른다. 특히 군산은침은 국제 차 박람회에서 금상을 받아 '금양옥(金壤玉)'이라 불리기도 한다.

군산은침은 그 역사가 오래되어 당대에 이미 생산되어 유명해졌다. 당나라 문성공주가 티베트로 시집갈 때 군산은침차를 가지고 들어갔다고 전해지고 있다.

이름	군산은침(君山银针)	육대차 분류	황차
산지	호남성 악양 동정호 군산 (湖南岳阳洞庭湖君山)	발효도	경발효차
탕색	황색의 탕 색과 엽저 (黄叶黄汤)	맛	깨끗하고 간결한 맛

1) 역사

군산(君山)은 동정산(洞庭山)이라고도 부르는데 당나라 때부터 이미 차를 생산하였으며, 청나라 때는 왕궁에 공물로 바쳤는데 《바릉현지(巴陵县志)》에 따르면 "군산의 공차는 연심(莲心)처럼 여린 녹색이며 매년 18근을 공납하였다. 곡우전에 일아일엽으로 찻잎을 따는데 하얀 솜털이 많아 백모차(白毛茶)라고도 부른다."라고 기록하고 있다. 또한 《호남성 신통지(湖南省新通志)》에도 "군산차의 색은 용정과 비슷하고 잎은 약간 넓고 푸르다. 청나라에 시대에 군산차를 분류하기를 일아일엽 형태인 특급의 공납차인 첨차(尖茶)와 다음 등급인 용차(茸茶)가 있다."라고 기록되어 있다. 공납차인 첨차는 보통 공첨(贡尖)이라고 부른다.

그 생산 지역은 현대에 와서는 군산구(君山区)뿐만 아니라 악양시(岳陽市) 등에서도 생산되고 있다.

2) 품질 특징

군산은침은 향기가 청아하면서 아주 높다. 그 맛은 감칠맛이 느껴지는 시원한 맛으로 탕 색은 깊은 오렌지색이고 건차의 외형은 견실하고 하얀 솜털의 백호가 많이 드러난다. 특히 차를 우릴 때 차에 더운 물을 부으면 차 싹이 곧게 뜨다가 천천히 가라앉는데 이런 모양을 보고 당대 사람들은 삼기삼락(三起三落, 찻잎이 세 번 떴다가 세 번 가라앉는 모양을 보고 이른 말)이라 하였다고 한다.

또한, 찻잎이 똑바로 서는 모습을 볼 수 있어 그 모양이 마치 창이나 칼이 빽빽하게 서 있는 것과 같다고 해서 도창임립(刀枪林立), 비가 온 뒤에 죽순과 같다고 해서 우후춘순(雨后春筍), 꽃이 활짝 핀 국화(金菊)와 같다고 해서 금국노방(金菊怒放) 등 여러 이름으로 불리기도 한다.

군산은침 황차(黄茶)의 제다 과정은 경살청(经杀青, 80~120℃ 솥에서 4~5분)-탄량(摊凉, 서늘한 곳에 펼쳐서 4~5분)-초홍(初烘, 50~60℃에서 약 30분)-복탄량(复摊凉)-초포(初包)-부홍(复烘)-재포(再包)-배건(焙干) 순으로 전체적으로 78시간의 과정을 통하여 완성된다.

3) 주요 생산 지역 및 자연적 환경

군산(君山)은 동정산(洞庭山)이라고도 하며, 호남악양시 군산구 동정호(洞湖) 중 섬이다. 섬은 토양이 비옥하고 사질 토양이 많으며, 연평균 온도가 16~17℃, 연간 강우량이 13~40㎜ 정도이며 상대습도가 비교적 높고 3월부터 9월 사이의 상대습도는 약 80%로 기후가 습윤하다. 봄여름에는 호수가 증발하고 구름과 안개가 끼어 섬에 수목이 우거져 자연환경이 차나무가 자라기에 적합하다.

군산은침은 군산도의 기후, 토질, 차나무의 생장과 불가분의 독특한 성질을 가지고 있다.

기후

군산도는 사면이 물로 둘러싸여 있고, 높은 산과 깊은 계곡이 없으며, 태양은 아침부터 저녁까지 섬 전체를 비추며, 연평균 일조간은 1,740시간, 공기습도가 높고, 연평균 상대습도는 84%이다.

토양

군산도의 토질은 주로 미세한 사질 토양으로 비옥하고 두텁고, 토질이 푸석푸석하며, 열 흡수 능력이 뛰어나고, 표층 수분 증발이 빠르다. 한여름의 고온은 차나무 뿌리가 종심으로 뻗어 토층 깊은 곳의 수분과 양분을 흡수할 수 있도록 해 준다.

5. 신양모첨(信阳毛尖)

　신양모첨은 예모봉(豫毛峰)이라고도 불리며, 하남성(河南省) 신양시 사허구, 평교구 라산현(信陽市 浉河區, 平橋區, 羅山縣) 등에서 생산되는 녹차다. 신양 지역에서 품질이 우수한 바늘 모양의 차, 즉 모첨(毛尖)을 생산한다 하여 공식적으로 신양모첨(信陽毛尖)이라고 부른다.

　1915년 파나마 만국박람회에서 금상을 수상했으며 1990년 국가평가에 참가하여 녹차 종합품질 1위를 차지하였다. 신양모첨(信陽毛尖)은 '녹차의 왕'으로 불리며 수년 동안 중국 차 지역 공공 브랜드 가치 3위를 차지했다. 2017년 중국 차 지역 브랜드 가치 평가에서 59억 9,100만 위안으로 브랜드 가치 순위 2위를 차지했다.

이름	신양모첨(信陽毛尖)	육대차 분류	녹차
산지	하남성 신양시 일대 (河南省信陽市)	발효도	불발효차
탕색	연하고 밝은 녹색	맛	향이 높고 맑고 깨끗한 맛

1) 역사
　송나라 시기에 전국에 13개의 차창이 있었는데 그중 하나가 신양(信陽)의 광주(光州)에 있는 차창으로 이미 송나라 시기에 신양 지역에서는 차가 생산되고 있었다. 원, 명 시기에 과도한 차 세금으로 인해 차 산업이 쇠퇴하다가 청나라 말기에 모첨(毛尖)이라는 용어가 처음 등장을 한다. 그래서 신양에서 생산되는 차를 '본산행첨(本山行尖)' 또는 '모첨(毛尖)'이라고 불렀고, 수확 계절과 형태에 따라 침첨(针尖), 공침(贡针), 백호(白毫), 포산첨(跑山尖) 등으로 불렀다.

2) 분류

신양모첨(信陽毛尖)은 생육기에 따라 현지인들은 신선한 잎을 따는 시기를 기준으로 봄차, 여름차, 가을차(백로차)로 나누는 것이 관습이다.

3) 품질 특징

신양모첨(信陽毛尖)의 색, 향, 맛, 모양은 모두 독특한 개성을 가지고 있으며 색은 신선하고 깨끗하며 불순물이 없고 향이 우아하고 신선하며 맛은 상쾌하고 향긋하며 달콤하다. 색은 균일하고 밝은 녹색과 광택이 있으며 흰색 털이 뚜렷하다. 형태는 가늘고 둥글며 광택이 있고 곧다. 눈과 정신을 맑게 하고 소화에 도움이 된다고 알려져 있다.

4) 주요 생산 지역 및 자연적 환경

신양모첨(信陽毛尖)의 생산지는 북쪽으로 회화(淮河)에서 남쪽으로는 대별산(大別山) 경사면 지역, 서쪽으로는 동백산(桐柏山)과 대별산(大別山)이 이어지는 지역, 동쪽으로는 고시현천허류(固始县泉河流) 지역으로 북위 31°23′~32°24′, 동경 113°45′~115°55′의 범위에 있는 지역이다.

신양모첨(信陽毛尖)의 명차 생산 구역은 사허구(浉河区) 동가허진(董家河镇) 오운산(五云山) 지역과 사허강진(浉河港镇)의 양탄(两潭), 일채(一寨), 담가허향(谭家河乡)의 토문촌(土门村) 지역으로 오운, 양담, 일채(五云, 两潭, 一寨)이다.

신양은 차나무의 성장에 천혜의 자연 조건을 가지고 있다. 연평균 기온은 15.1℃로 4월부터 11월까지의 월평균 기온은 20.7℃, 가장 더운 7월의 평균 기온은 27.7℃, 가장 추운 1월의 평균 기온은 1.6℃이다. 유효 적산 온도는 48~64℃에 달하며 강우량은 연평균 1,134.7㎜로 풍부하다. 4~11월의 일조시간은 1,592.5시간(연간 전체 시간의 73%), 일사량은 89.25㎉/㎠, 유효량은 43.74㎉/㎠이다.

토양은 대부분 황토와 흑사질 양토로 깊고 푸석푸석하며 부식질 함량이 높고 비옥하며 pH값은 4~6.5 사이의 약산성이다. 전통적으로 대부분 해발 300~800m의 산악 지역에서 차를 재배하는데 이곳의 산세는 기복이 많고 삼림이 빽빽하며 강우량이 풍부하다. 상대습도가 75% 이상이며 태양은 늦게 뜨고 일찍 지며, 빛이 강하지 않고, 일교차가 심하다.
  그래서 차나무의 새싹과 잎은 천천히 자라고 부드러움을 유지하며 연평균 기온이 낮아 아미노산, 카페인 및 기타 질소 함유 화합물의 합성 및 축적에 매우 도움이 된다.

6. 기문홍차(祁门红茶)

　기문홍차는 중엽종(中叶种), 중생종(中生种) 품종의 관목형인 저엽종(楮叶种, 일명 기문종祁门种)을 원료로 만든 홍차로 중국의 명차 중의 하나로 기문공부홍차로 불린다.

　중국 안휘성의 다농(茶农) 호원용(胡元龙)이 광서 연간(서기 1875년)에 창제하였다. 주산지는 안휘성 기문(祁门) 일대 지역이다. "기문홍차는 여러 향 중 으뜸이며, 향기는 비할 바가 없다." 기문홍차는 홍차 중 최우수품으로 명성이 높다. 영국 여왕과 왕실의 애호 음료로 명성이 높으며, 향이 좋아 여러 향 중 으뜸인 '홍차황후'라 불리기도 한다. 인도의 다즐링 홍차, 스리랑카의 우바 홍차와 함께 세계 3대 홍차로 이름을 떨치고 있다.

　1915년 파마나 국제 박람회에서 금메달을 수상했으며, 현재 영국, 네덜란드, 독일 등 약 10여 개국의 국가 및 지역으로 수출되고 있다.

이름	기문홍차(祁门红茶)	육대차 분류	홍차
산지	안휘성 기문 (安徽省祁门)	발효도	전발효차
탕색	적황색 혹은 적포도주색	맛	청량, 신선하며 우아한 맛

1) 역사

　미국《Merriam-Webster's Collegiate Dictionary》사전에서 기문홍차의 원산지는 중국 안휘성 기문현으로 기록하고 있으며, 기문홍차의 창시년은 청나라 광서년(서기 1875년)에 창제되었으며, 150여 년의 생산 역사를 가지고 있다. 안휘성의 기문 지역은 일찍이 당나라에 거슬러 올라가 다성육우는 《다경》에 차의 등급을 나누면서 "호주는 상품이요 상주는 그 다음이고 흡주는 하품이다."라고 그 기록을 남기고 있는데 흡주는 지금의 기문 지역에 해당한다. 이 기록으로 보아 당나라 이전부터 안휘성 기문 지역에서는 차가 생산되었음을 알 수 있다.

2) 분류

기문홍차는 그 형태와 차의 내부의 질에 따라 예차, 특명, 특급, 1급, 2급, 3급, 4급, 5급, 6급 그리고 최하품인 7급으로 나눈다.

3) 품질 특징

기문홍차는 찻잎이 견실하며 그 빛깔이 검고 회색빛이 돈다. 그래서 속칭으로 보배스러운 광택을 띤다고 하여 '보광(宝光)'이라 한다. 내질의 향기가 깊고 길며, 달콤한 꿀 향과도 같으며, 난초의 꽃향기가 배어 있고, 탕 색의 빛깔이 붉고, 맛이 순수하며, 회향이 깊고, 엽저는 부드러우며 맑은 붉은색을 나타낸다.

광물질이 풍부하며, 계절에 관계없이 마셔도 되며, 갈증 해소와 몸의 기운을 원활하게 하며, 열을 내리고 소화를 촉진시키며 위의 건강에 좋은 효과가 있다. 면역력 증강에 좋다.

4) 주요 생산 지역 및 자연적 환경

기문홍차의 생산 지역은 안휘성 기문(祁门), 동지(東今), 귀지(贵池, 현 지주시池州市), 석대(石台), 이현(黟县) 지역과 강서성(江西省) 부량(浮梁) 일대 지역으로 자연 조건이 우수하다. 산림이 많고, 따뜻하고 습윤하며, 토층이 깊고, 강수량이 풍부하고, 구름과 안개가 많아, 차나무의 생장에 적합하며, 기문홍차의 주요품종인 저엽종(楮叶种)으로 홍차 제조에 적합한 환경을 가지고 있다.

7. 육안과편(六安瓜片)

   육안과편은 과편(瓜片) 혹은 편차(片茶)로 불리기도 하는데 역사적으로 중국 전통 명차이다. 산지는 안휘성 육안시 대별산(安徽省六安市大別山) 일대로 당나라 때 노주육안차(廬州六安茶), 명나라 때 이르러 육안과편(六安瓜片)으로 불렸으며 청나라 때 최상급의 차로 조정 공물차로 지정되었다. 일반적으로 녹차에서 나는 풀 비린내(青香)가 전혀 나지 않는 무향에 가깝다. 육안과편(六安瓜片)은 싹과 줄기를 사용하지 않은 단일 잎으로 가공하는 유일한 녹차로 알려져 있다. 어느 정도 성숙된 찻잎만을 채엽하여 가공하는데 그 모양이 해바라기 씨앗을 닮았다고 하여 과편(瓜片)으로 부른다. 곡우 전후 10일 이내 수확한 것을 최상품으로 치며 2019년 중국 농업 유명 브랜드 목록에 올랐다.

이름	육안과편(六安瓜片)	육대차 분류	녹차
산지	안휘성 육안시 대별산 (安徽省六安市大別山)	발효도	불발효차
탕색	맑고 연한 녹색	맛	감칠맛이 강한 단맛

1) 역사

   육안과편(六安瓜片)은 청나라 때 공물로 입공되었고 세계 여러 지역으로 수출되었다고 한다. 육안과편에 대한 여러 가지 설이 있으나 1905년을 전후하여 두각을 나타낸 것으로 보인다. 1971년 7월 당시 미국 국무장관이었던 키신저가 처음으로 중국을 방문했을 당시 기념 선물로 주어지면서 그 유명세를 다시 한번 알게 되었다.

2) 분류

육안과편(六安瓜片)은 과거에는 채엽의 시기에 따라 세 품종으로 나뉘었다.

곡우 전에 채엽하여 가공한 것을 제편(提片)라고 하는데, 품질이 가장 우수하다. 곡우 후에 채엽하여 가공한 것은 과편(瓜片)이라고 부르는데 가장 대중적인 차이다. 그다음으로는 매편(梅片)으로 보통 장마철에 접어들면서 찻잎이 약간 굵고 늙어 품질이 보통인데, 이 시기에 채취한 것을 '매편'이라고 한다. 제산과편(齊山瓜片)은 1~3등급, 내산과편(內山瓜片)과 외산과편(外山瓜片)은 각각 4등급, 8등급으로 나뉜다. 서차조(舒茶早)나 특향조(特香早), 오우조(烏牛早) 등의 품종이 있다.

3) 품질 특징

육안과편(六安瓜片)은 단일 잎으로 가공하는 차로 가공할 때 위조를 거치지 않는 특징이 있다. 외형은 해바라기씨 모양의 단편과 같으며 자연적으로 평평하고 찻잎 색이 약간 보라색이 도는 녹색으로 크기가 고르며 맛이 고소하고 신선하며 순수하고 탕 색은 맑고 투명하다.

4) 주요 생산 지역 및 자연적 환경

육안과편(六安瓜片)은 유안구(六安市裕安区) 및 금채(金寨), 곽산(霍山) 두 현의 인접 산구 일대로 주산지역은 대별산 북쪽 기슭의 금채현과 유안구 양대 지역이다. 그중 편복동 차장(蝙蝠洞茶场)에서 생산되는 차가 가장 유명하다.

이 지역의 평연평균 기온은 15℃, 봄과 가을 기온은 시원하고 온화하며, 연간 일조시간은 2,000~2,230시간이다. 연강수량은 1,200~1,400㎜로 연평균 강수일수는 125.6일로 평년 상대습도 80%, 건조도 0.8 이하로 습윤지대에 속한다. 토양은 유기질 함량이 높으며 비옥도와 투과성이 좋고 pH 4.8~5.5의 약산성으로 차 재배에 적합한 자연적 조건을 가지고 있다.

8. 도균모첨(都勻毛尖)

도균모첨(都勻毛尖)은 백모첨(白毛尖), 세모첨(细毛尖), 어구차(魚鉤茶), 작설차(雀舌茶)라고도 불리며 귀주성의 3대 명차(都勻毛尖, 湄潭翠芽, 蘭馨雀舌) 중 하나이다.

도균모첨(都勻毛尖)은 귀주성의 두균시(都勻市)와 귀정현(贵定县) 경계에 있는 운우산(雲霧山)이 원산지이며 이후 교망산(郊蟒山) 일대에서 인공 재배 되었으며 청명절 3~5일 전에 1차 수확한 찻잎으로 가공한 차를 최상품으로 친다. 현재 귀주성 도균시(貴州都勻市)의 포의족, 묘족 자치주(布依族苗族自治州) 지역에서 주로 생산된다.

이름	도균모첨(都勻毛尖)	육대차 분류	녹차
산지	귀주성 도균시 일대 (貴州都勻市)	발효도	불발효차
탕색	투명한 녹색	맛	감칠맛

1) 역사

《도균시지(都勻市誌)》에 따르면 "도균모첨의 원산지는 경내 단산황화(團山黃河)이며, 당시에는 황하 모첨차(黃河毛尖茶)라고 불렀다. 이 차는 명나라 때 이미 조정에 공물로 봉헌되어 승정황제의 사랑을 받았으며, 낚시바늘을 닮았다고 해서 어구차(魚鉤茶)라는 이름으로 불렸다."라고 한다.

1915년에는 파나마 국제 차 박람회에서 입상을 했고, 1972년 일본에 처음으로 수출되어 일본 사람들로부터 극찬을 받았으며 싱가포르, 홍콩, 마카오 지역으로 수출되었다. 1982년에는 중국 10대 명차 중 하나로 선정되었다.

　도균모첨의 이름에 대한 유래는 1956년 봄, 도균시의 농가에서 베이징의 마오쩌둥 주석에게 정성껏 만든 '어구차(魚鉤茶)'를 보내 경의를 표했는데 그때 마오 주석은 "찻잎이 아주 좋으니 앞으로 많은 종류의 차가 있을 것이며 찻잎을 모첨이라고 명명할 수 있다."라고 말해서 붙여진 이름이다.

2) 분류
　도균모첨(都勻毛尖)은 원료 및 가공 공예에 따라 준품(尊品), 진품(珍品), 특급, 1급, 2급으로 나눈다.
　준품은 잎이 견실하고 말려 있으며 백호가 충만하다. 향기가 부드러우면서도 높고 감칠맛이 좋다.

3) 품질 특징
　도균모첨(都勻毛尖)은 잎이 견실하고 백호가 많으며 곱슬곱슬한 형태를 하고 있다. '삼녹투황색(三綠透黃色)'의 특징을 가지는데 완성된 찻잎의 색은 녹색 바탕에 연황색을 띠고, 탕 색은 투명한 녹색을 나타내며, 엽저는 황색이 드러나는 녹색을 가지고 있다. 향은 맑고 신선하며 옥수수 향이 특징적이다. 맛은 감칠맛이 도는 단맛이 난다.
　찻잎의 모양은 동정 벽라춘(洞庭碧螺春)과 유사하고, 향은 옥수수 향이 도는 맑은 향의 신양모첨(信陽毛尖)과 비슷하다.

찻잎은 연녹색이며 균일하고 밝다. 갈증을 해소하고 마음과 정신을 맑게 하며, 기름기 제거 및 소화 촉진, 동맥 경화 억제, 콜레스테롤 저하, 체중 감량, 암 예방, 괴혈병 예방, 방사성원소 보호 등 다양한 효능과 기능을 가지고 있다

4) 주요 생산 지역 및 자연적 환경

도균모첨(都勻毛尖)은 주로 단산(團山), 초각(哨腳), 대구(大槽) 일대에서 생산되며 이곳의 계곡은 해발 1,000m가 넘는 협곡 계류 지역으로 숲이 울창하고 운무로 덮여 있으며 겨울에는 혹한이 없고 여름에는 더위가 없는 사계절이 쾌적한 날씨를 보인다. 연평균 기온은 16℃, 연평균 강수량은 1,400㎜ 이상이다. 또한 토양층이 깊고 토양이 푸석푸석하고 촉촉하며 토질은 산성 또는 약산성이며 철분과 인산염이 다량 함유되어 있다. 이러한 특수한 자연과 조건은 차나무의 생육에 아주 적합한 환경을 가지고 있다.

9. 무이암차(武夷岩茶)

무이암차는 중국 전통 명차로 반발효차인 청차(우롱차)에 속하며 특유의 암운岩韵(암골화향岩骨花香)을 가지고 있다. 주요 산지는 복건성 북쪽 지역인 민북 지방의 무이산 일대에서 생산된다. 무이암차는 녹차의 푸른 청향과 홍차의 달면서 농후한 향을 동시에 지니고 있다. 중국 우롱차중 최상급에 속하며, 무이암차 중에서 최고의 품종은 대홍포차(大红袍茶)이다.

이름	무이암차(武夷岩茶)	육대차 분류	우롱차
산지	복건성 무이산 (福建省武夷山)	발효도	반발효차
탕색	금황색	맛	청량하고 신선하면서 보디감이 느껴지는 맛

1) 역사

무이차(武夷茶)는 무이산(武夷山)이라는 특정 지역에서 생산되는 차를 통칭하여 부르는 지역성에서 유래된 것이다. 서방국가에서 'Bohea Tea'라고 하는데 홍차와 우롱차를 말한다.

무이암차는 무이산의 바위틈에서 생산되는 차라는 뜻으로 무이차의 범주 안에 포함된다. 무이산이라는 한 지역에서 생산되는 차를 가지고 암차(岩茶)라는 이름을 사용하는 것은 그만큼 무이암차가 우수하다는 것을 알 수 있다. 또한 무이 지역에는 랍상소총, 대홍포 등 유명 차가 많다.

중국 다엽학회(中国茶叶学会) 상무이사와 안휘농대 차학과 주임을 역임한 陳椽 교수(1908~1999)는 《중국명차선집(中国名茶选集)》에서 무이차라는 명칭이 최초에는 증청단차 및 증청산차(蒸青团茶및 蒸青散茶)를 의미하며, 이후에 초청(炒青)과 홍청녹차(烘青绿茶)를 포함하고, 17세기에는 정산홍차를 의미하다가, 19세기 중엽에 들어와서 그제야 청차(青茶, 우롱차) 또는 무이암차를 의미하게 되었다고 하였다. 그래서 무이암차는 민국 시대에 들어와서 명확하게 분류되었다. 그래서 무이차는 무이산 지역에서 나는 차의 총칭이고 무이암차는 무이차 중 하나로 구별해서 사용을 해야 한다고 강조한다.

중국의 차 문화의 발전은 당나라(唐) 때 시작해서 송나라(宋)에서 번영의 시기를 맞았으며 명, 청나라(明, 淸) 때 성행했으며 그 역사가 유구하다. 그런 맥락에서 무이암차도 당, 송의 시기를 거치면서 발전을 거듭하고 명, 청 시기에 성행해서 지금에 이르렀다고 볼 수 있다.

2) 분류

무이암차의 품종은 천여 가지에 이를 정도로 많고 그 분류 방법도 다양하다. 차의 생산 환경에 따라, 찻잎의 형태에 따라, 찻잎의 색깔에 따라, 차나무의 형태에 따라, 발아 시기에 따라, 완성된 차의 향기에 따라, 예로부터 전해 오는 전설에 따라, 지역에 따라 수많은 구별법이 있다. 2006년도에 국가에서 무이암차 국가표준(夷岩茶中华人民共和国 国家标准 GB/T18745-2006)으로 정해진 분류에 따르면 우이암차 품종분류에 의하여 전통품종을 포함하여 수선, 육계, 우이채차, 왜각우롱 등이며, 우이암차 명총분류에 의하여 대홍포, 철라한, 백계관, 수금귀, 반천요, 북

두 등이며, 우이암차 상품분류에 의하여 대홍포, 명총, 육계, 수선, 기종으로 분류를 한다.

  무이차의 4대 명총은 대홍포(大紅袍), 철라한(鐵羅漢), 백계관(白雞冠), 수금귀(水金龜)이며, 과자금(瓜子金), 금열쇠(金钥匙), 반천요(半天腰) 등의 품종이 있다.
  가장 대표적으로 사용하는 분류 방법 중 하나인 무이암차는 산지에 따라 정암차(正岩茶), 반암차(半岩茶), 주차(洲茶)로 분류하는데 품질이 가장 뛰어난 '정암차(正岩茶)'는 해발이 비교적 높은 곳에서 생산되고 향이 뛰어나고 맛이 조화로우며 깊어 암운의 특징이 강하다.

3) 품질 특징

  무이암차의 특징은 그 형태가 완만한 선형으로 두툼하며 견실하고 색은 적갈색 혹은 흑녹색이다. 탕 색은 금황색혹은 주황색을 띠며 맑고 밝다. 향기는 꽃 향, 과일 향, 복숭아 향, 난꽃 향, 계화 향 등 여러 가지이며 그 향이 오래 유지된다. 맛은 농후하며 달고 특유의 암운(岩韵, 암골화향)을 가지고 있다. 차를 우려낸 후의 찻잎(엽저, 叶底)은 부드러우면서 연하고 녹색의 바탕에 붉은 빛이 감돌거나 녹색의 바탕에 붉은 얼룩을 띤다. 암운인 암골화향이 두드러지며 청량하면서 달고 향기가 있고 힘이 있다.

암운(바위 암岩, 음운 운韵)

  무이암차가 가지는 특유의 품질 특징으로 암골화향(岩骨花香)이라고 하는데, 차의 맛이 달고 윤택이 있으며 향기가 진한 것을 말한다. 품종마다 각기 다른 암운을 가진다. 한마디로 표현할 수 없는 굉장히 추상적 표현인데 일반적으로 차를 7, 8번 우린 후에 나타나는 농후한 차향을 가리키는데 이 현상을 바로 암운이라고 표현한다.

암운은 향(香), 청(清), 감(甘), 활(活)의 네 가지 특징을 가지고 있다.

향(香): 무이암차는 여러 가지 진향(眞香), 난향(兰香), 청향(清香), 순향(純香) 등 네 가지 향이 한데 어우러져 나는 향이며 그윽하고 진하다.

청(清): 탕 색이 맑고 투명한 것을 가리키는데 차의 맛이 그만큼 맑고 순수하며 조화롭다.

감(甘): 차의 맛이 신선하며 농후하여 마신 후 단맛이 오래도록 유지된다.

활(活): 시각, 미각, 후각 등 모든 감각기관을 초월해 말로 표현할 수 없는 심령의 느낌을 나타낸다.

4) 주요 생산 지역 및 자연적 환경

무이암차 생산 지역은 무이산 풍경구 범위 안에 있는 약 70㎢의 지역이다. 무이산은 복건성 무이산맥 북부의 남동쪽 기슭에 위치하고 봉우리가 서로 연결되어 있고 협곡이 종횡으로 뻗어 있으며 구곡천이 그 사이를 맴돌고 있다. 기후는 사계절이 뚜렷하고 서리가 내리지 않는 기간이 긴 아열대 해양성 기후에 속하며 연평균 기온은 18℃ 정도다. 강우량이 풍부하고 연강수량은 약 2,000㎜다.

무이산은 지질학적으로 육지에 퇴적으로 형성된 홍색 암층이 융기한 전형적인 단하 지형에 속한다. "바위마다 茶요, 바위가 없으면 茶도 없다(武夷山岩岩有茶无岩不茶)."라는 독특한 자연 풍광 속에 형성된 암차(岩茶)이다. 표층의 토양은 부식질이 풍부한 산성 적색 토양으로 차나무의 성장에 매우 적합하다.

10. 안계철관음(安溪铁观音)

　안계 철관음은 중국 복건성의 남쪽인(일반적으로 민남閩南이라고 칭한다) 안계는 복건성 동남부에 위치하는 민남과 민중의 교통 중심지로, 아열대 기후에 속한다. 그 때문에 푸른 산과 맑은 샘이 많고, 구름과 안개가 늘 자욱하여 토양은 비옥하며 강우량도 충분해 차나무가 성장하기에 적합한 기후를 가져 예로부터 '봉황지구(龍鳳之區)' 또는 '민남차도(閩南茶都)'라고 불렸다. 안계현의 차농에 의해서 1725~1736년에 만들어진 반발효차인 우롱차 중의 하나로서 주산지는 복건성 안계현 서평진 요양산(安溪县西坪镇尧阳山麓) 기슭으로 이곳은 산이 많고 기후가 온화하다. 관목형으로 찻잎은 두텁고 견실하다.

이름	안계철관음 (安溪铁观音)	육대차 분류	우롱차
산지	복건성 안계현 일대 (福建省安溪县西坪镇尧阳 山麓长坑乡, 祥华, 感德)	발효도	반발효차
탕색	밝은 녹색	맛	청량하고 신선한 맛 (관음운)

1) 역사

　복건성 안계지역의 차 생산은 당나라 말부터 시작한다. 송, 원 때 철관음의 산지 안계는 사찰이나 농가를 막론하고 이미 차를 생산했다. 명청시대는 안계 찻잎이 절정으로 나아가는 중요한 단계였다. 명나라 시기에 안계 다업 생산의 두드러진 특징은 차를 마시고, 차를 심고, 차를 만드는 것이 안계현 전역에 널리 퍼져 농촌의 큰 산업으로 급부상했다는 점이다.

　청나라 초에 안계차 산업이 급속히 발전하면서 황금계, 본산, 불수, 모게, 매점, 대엽오룡(黄金桂, 本山, 佛手, 毛蟹, 梅占, 大叶乌龙) 등 우량 차나무 품종이 잇따라 개발되었다. 이 품종들이 발견되어 안계다업은 전성기에 접어들었다. 우롱차 공정의 탄생은 중국 전통 차 제조 공정에 대한 또 하나의 중대한 혁신이다.

청나라 광서황제 22년(清光绪二十二年, 서기 1896년) 안계사람인 张乃妙, 张乃乾 형제가 철관음을 대만으로 가져가 목책구(台湾木栅区)에서 재배를 하며 대만 목책구 철관음의 시작이 되었다. 이후 복건성의 여러 지역과 광동성 지역에도 차례로 전해졌다. 또한 이 시기부터 안계우롱차 생산기술이 해외에 널리 알려지면서 철관음이 질 좋은 명차로 그 명성이 날로 높아지고 있다. 70년대 이후 일본에서도 우롱차 열풍이 불기 시작했다.

철관음의 명칭에 대한 유래는 많은 이야기들이 전해 오고 있는데 가장 대표적인 것이 위설(魏说)과 왕설(王说)이다.

위설(魏说, 观音托梦)

1720년경 안계요양 송암마을(일명 송림두촌)에는 옛 차농인 위음(魏荫, 1703~1775)이 있었는데, 차 농사에도 열심이었으며 불교, 경봉관음에 충실했다고 전해진다. 매일 아침저녁으로 반드시 관음불 앞에서 차를 한 잔을 바치기를 몇십 년 동안 하였다. 어느 날 밤, 그는 잠에 빠져서 호미를 메고 집을 나서는 꿈을 꾸었는데, 꿈속에서 그는 석봉 옆에서 가지가 무성하고 향기가 가득한 한 그루의 차나무를 발견하게 된다. 다음 날 그 차나무를 찾다가 다석갱의 석극 틈에서 잎이 타원형으로 견실하고 두툼하며 색깔은 자홍색의 차나무를 발견하게 된다. 위음(魏荫)은 매우 기뻐하며, 이 차나무를 정성껏 키우게 되는데 관음탁몽(观音托梦, 꿈속에서 관음이 알려준 것)이 얻어진 것이기 때문에 '철관음'이라는 이름을 붙였다. 그래서 위씨의 가문의 후손들 아직도 철관음 모수차를 모시고 제사를 지내고 있다.

왕설(王说, 乾隆赐名)

청나라 건용황제 원년(清朝乾隆元年, 1736年)에 안계 서평에 사는 왕토양(王士让)이라는 사람이 남헌이라는 곳을 배회하다가 다른 차나무와는 구별이 되는 한 그루의 차나무를 발견해 그것을 남헌의 밭에 심었다. 아침저녁으로 열심히 관리하고 정성스럽게 가꾸어 매년 차나무의 잎이 무성하게 되었다. 찻잎은 원형으로 주맥이 붉은 색을 띠며 윤기가 흐르고 견실하고 두툼하였으며 향이 진했다. 건륭 6년 1742년에 왕토양은 황제에게 이 차를 바치게 되는데 이 차를 마신 황제가 말하기를 찻잎이 견실하고 맛이 쇠의 무게만큼 묵직하고 향과 형태가 아름다워 관음(观音)과 같다고 하여 철관음이라는 이름을 얻었다고 한다. 지금도 왕씨 후손들은 그 나무에 사당을 지어 보존하고 매년 제사를 지내고 있다.

2) 분류

안계철관음은 국가표준에 따라 청향형(清香型)과 농향형(浓香型) 두 가지로 나눈다. 시장 나오는 제품으로 청향형(清香型), 농향형(浓香型), 진향형(陈香型), 운향형(韵香型)으로 세분화하여 분류하기도 한다. 그중 청향형 철관음은 제조방법에 따라 다시 정미형(正味型)과 산향형(酸香型) 두 종류로 세분하기도 한다.

3) 품질 특징

안계철관음은 관목형으로 찻잎은 두텁고 견실하다. 철관음은 특히 관음운(观音韵)이라는 우아하고 맑은 난화 향의 특징이 있다. 차탕 색은 맑은 등황색이다. 맛이 짙고 신선해서 입안에서 단맛이 오래 간다. 여러 번 우려도 맛과 향에 변화가 없을 정도로 내포성이 뛰어나다. 안계철관음이 생산되는 서평진 요양은 중국에서도 이름난 장수촌으로 현지 사람들은 차 생활이 일상화되어 있다.

> **참고**
>
> * 관음운(观音韵)
>   관음운은 중국 사람들도 알고 싶어 하고 또 잘 표현하지 못하는 오래된 화제의 하나로, 여러 세대에 걸쳐 다인이나 학자가 그것을 표현하려고 했지만 문자로 그것을 분명하게 표현할 수 없을 정도로 추상적인 것이다. 관음운을 표현할 때 높고 낮은 것도 있고, 강하고 약한 것도 있고, 신 것도 단 것도 있고, 패기가 있고 온문하고 고상하며 그 향이 수천 가지 무궁무진한 것이 관음운이라고 하는 것을 보면 굉장히 추상적임을 알 수 있다.
>   철관음은 여러 가지 효능과 보건기능 갖추고 있는데 안티에이징, 항암, 항동맥경화, 당뇨병 예방, 충치퇴치, 열을 내리고 흡연 및 음주 등에 좋은 효과가 있으며 특히 다이어트에 좋은 것으로 알려져 있다. 2010년 상하이 엑스포에서 '10대 명차'로 등록되었다.

4) 주요 생산 지역 및 자연적 환경

지리적 환경

복건성 안계현 지역이 철관음의 주산지로 세계 명차의 고향이면서 우롱차의 발원지로 알려져 있다. 철관음의 주산지는 내안계로 산이 둘러싸여 있으며 산봉우리가 끝없이 이어져 있으며 운무가 가득한 지역이다.

안계현은(安溪县)은 복건성 천주시의 현(县)급 행정구역으로 옛날에는 청계(淸溪)라고 불렸다. 우리나라 행정단위인 '군' 정도에 해당한다. 넓이는 3,057㎢이고, 인구는 2010년 기준으로 약 98만 명이다. 동남 해안 연안의 동경 117°36′~118°17′, 북위 24°50′~25°26′에 위치하고 있으며 하문(厦门) 정북 쪽과 인접하고 있다.

평균 고도는 300~400m이고 가장 높은 곳은 1,600m에 이른다.

기후적 특성

연평균 기온은 15~18℃로 온난하며, 연강수량은 1,700~1,800㎜, 상대습도는 78% 이상이며 서리가 없는 기간이 260~340일이다. 토양의 대부분은 약산성(pH 4.5~5.6) 홍토이다. 지층이 두꺼워 차 생산에 적합하다.

부록 #3.

중국 지역별 유명 차 목록
(全國各省產茶名錄)

부록 #3. 중국 지역별 유명 차 목록
(全國各省產茶名錄)

1. 福建名茶大全

福建代表名茶: 大红袍

绿茶: 武平绿茶, 南安石亭绿, 江山斜背茶, 福州茉莉花茶, 天山绿茶, 龙须茶

白茶: 白毫银针, 白牡丹, 寿眉, 贡眉, 政和白茶, 松溪白茶, 建阳白茶

青(乌龙) 茶: 武夷大红袍, 武夷肉桂, 武夷水仙, 半天妖, 水金龟, 白鸡冠, 铁罗汉, 武夷奇种, 安溪铁观音, 漳平水仙, 永春佛手, 白芽奇兰, 诏安八仙, 安溪本山, 安溪毛蟹, 黄金桂

红茶: 正山小种, 烟熏小种, 金骏眉, 银骏眉, 铜骏眉, 政和工夫, 白琳工夫, 坦洋工夫

2. 浙江名茶大全

浙江代表名茶: 西湖龙井

绿茶: 西湖龙井，安吉白茶，大佛龙井，黄金芽，开化龙顶，普陀佛茶，千岛玉叶，雁荡毛峰，顾渚紫笋，径山香茗，惠明茶，武阳春雨，平水珠茶，鸠坑毛尖，乌牛早，天台黄茶，临海蟠毫，羊岩勾青，千岛银针，钱塘龙井，遂昌银猴，天目青顶，兰溪毛峰，江山绿牡丹，越乡龙井，狮峰龙井，武阳银猴，华顶云雾，双龙银针，泉岗辉白，日铸雪芽，建德苞茶，淳安大方，梧州聚岩，华鼎云雾，瀑布仙茗

黄茶: 平阳黄汤，莫干黄芽，温州黄汤

红茶: 越红工夫，九曲红梅，龙泉红茶

3. 江西名茶大全

江西代表名茶: 庐山云雾

绿茶: 遂川狗牯脑，庐山云雾，婺源茗眉，资溪白茶，通天岩绿茶，麻姑茶，九龙茶，双井绿茶，小布岩茶，井冈银针，井冈翠绿，大鄣山云雾，上饶白眉，灵岩剑峰，白梅茶，梁渡银针，梨园茶，白湖银针，仙台大白，梅岭毛尖

红茶: 宁红工夫，浮梁工夫

4. 广东名茶大全

广东代表名茶: 凤凰单丛

绿茶: 英德绿茶，古劳茶，信宜绿茶

黄茶: 广东大叶青

青(乌龙)茶: 凤凰单丛，凤凰水仙，岭头单丛，大叶奇兰，石古坪乌龙

红茶: 英德红茶，英红九号，荔枝红茶

5. 广西名茶大全

广西代表名茶：六堡茶

绿茶： 桂林毛尖，覃塘毛尖，凌云白毫，象棋云雾，昭平绿茶，漓江银针，开山白毛，白牛茶，龙脊茶，桂平西山茶，贵港毛尖，屯巴茶，南山白茶，龙山绿茶

红茶：桂红工夫，昭平红，百色红茶，三江红茶

黑茶：六堡茶

6. 云南名茶大全

云南代表名茶：普洱茶

绿茶：滇池云毫，滇青毛茶，南糯白毫，苍山雪绿，宝洪绿茶

白茶：月光白，月光美人

红茶： 滇红工夫，滇红宝塔，滇红金丝，滇红金芽，滇红金针，滇红金螺，昌宁工夫，凤庆红茶

普洱茶： 老班章普洱，曼松普洱，曼西良普洱，猫耳朵普洱，坝卡竜普洱，坝卡囡普洱，蟒蛇箐普洱，凤凰窝普洱，那卡普洱，倚邦普洱，蛮砖普洱，帕沙普洱，困鹿山普洱，小户寨普洱，忙肺普洱，邦崴普洱，落水洞普洱，老曼峨普洱，昔归普洱，易武普洱，铜箐河普洱，勐库普洱，冰岛普洱，薄荷塘普洱，刮风寨普洱，布朗山普洱，南糯山普洱，麻黑普洱，紫娟普洱茶，紫芽普洱茶，黄金叶普洱，紫金砖普洱，金瓜贡茶，下关沱茶，竹筒普洱茶，龙珠普洱，小金沱普洱，紫芽苞茶，辫子茶，螃蟹脚普洱，普洱老茶头

7. 贵州名茶大全

贵州名茶代表：都匀毛尖

绿茶： 都匀毛尖，雀舌报春，遵义毛峰，湄潭翠芽，黎平雀舌，凤冈绿茶，绿宝石茶，贵定云雾，黎平雀舌，兰馨雀舌

黄茶：海马宫茶

红茶：遵义红

8. 四川名茶大全

四川名茶代表：蒙顶甘露

绿茶：蒙顶甘露，峨眉竹叶青，峨眉雪芽，浦江雀舌，青城雪芽，文君绿茶，峨眉毛峰，宜宾雀舌，叙府龙芽，巴山雀舌，文君嫩绿，乐山峨蕊，宝顶雪芽

黄茶：蒙顶黄芽

红茶：川红工夫

黑茶：雅安藏茶，金尖茶，康砖茶，邛崃黑茶

9. 湖南名茶大全

湖南代表名茶：安化黑茶

绿茶：古丈毛尖，安化松针，保靖绿茶，白马毛尖，官庄毛尖，高桥银峰

黄茶：君山银针，北港毛尖，沩山毛尖

红茶：湖红工夫

黑茶：安化黑茶，渠江薄片，安化花砖，湘尖茶，安化黑砖，千两茶，安化黑毛茶

10. 湖北名茶大全

湖北代表名茶：施恩玉露

绿茶： 施恩玉露，峡州碧峰，采花毛尖，保康松针，襄阳隆中茶，龟山岩绿，双桥毛尖，金水翠峰，仙人掌茶，英山云雾，邓村绿茶，周霞碧峰，金港银针，车云毛尖，棋盘山毛尖，吴韵毛尖，红安翠峰，竹溪毛峰，鹤峰榕梅，五常龙泉，桂山岩青，松滋碧尖，高港毛尖，保康银芽

黄茶：鹿苑毛尖，远安黄茶

红茶：宜红工夫

黑茶：老青茶，羊楼洞转茶

11. 江苏名茶大全

江苏代表名茶：碧螺春

绿茶：洞庭碧螺春，金坛雀舌，南京雨花茶，天目湖白茶，仪征绿杨春，水西翠柏，无锡银毫，阳羡雪芽，南山寿眉，太湖翠竹，茅山青峰，金山翠芽，花果山云雾，靖西云片，千峰雪莲，江宁翠螺，梅花茶，宿城云雾

红茶：宜兴红茶，苏红工夫

12. 河南名茶大全

河南代表名茶：信阳毛尖

绿茶：信阳毛尖，金刚碧绿，香山翠峰，太白银毫，车云山毛尖，仰天雪绿，震雷剑毫，杏山竹叶青，赛山玉莲，龙眼玉叶，青淮绿梭，灵山剑锋，云芽翠毫，固始皇姑山，桐柏玉叶

红茶：信阳红

13. 山东名茶大全

山东代表名茶：日照绿茶

绿茶：日照绿茶，崂山绿茶，诸城绿茶，雪青绿茶，莲山翠芽，莒南松针，龙泉翠芽，海青峰茶，沂蒙碧芽，玉山茗芽

红茶：日照红梅，泉城红

14. 陕西名茶大全

陕西代表名茶：泾阳茯砖

绿茶：汉中仙毫，汉中炒青，紫阳毛尖，西乡炒青，黄云翠竹，商南泉茗，紫阳翠峰，汉水银梭，秦巴雾毫，宁强雀舌，午子仙毫

红茶：汉山红

黑茶：泾阳茯砖，蛹虫草茯茶，泾渭茯茶

15. 安徽名茶大全

安徽代表名茶：太平猴魁

绿茶：太平猴魁，黄山毛峰，六安瓜片，黄山羽针，敬亭绿雪，舒城兰花，老竹大方，汀溪兰香，休宁松萝，黄山绿牡丹，岳西翠兰，齐山翠眉，金山时雨，九华毛峰，屯溪绿茶，桐城小花，瑞草魁，天柱剑毫，涌溪火青

黄茶：霍山黄芽，霍山黄大茶

红茶：祁门工夫，祁红毛峰，祁红香螺

黑茶：祁门安茶

16. 台湾名茶大全

台湾代表名茶: 东方美人

绿茶: 龙泉茶，三峡龙井茶，三坛茉莉，松柏长青

青(乌龙) 茶: 金萱乌龙，冻顶乌龙，东方美人，文山包种，梨山茶，大禹岭乌龙，人参乌龙茶，四季春，木栅铁观音

红茶: 日月潭红茶，红玉

17. 海南名茶大全

海南代表名茶: 兰贵人茶

绿茶: 白沙绿茶，五指山雪茶

青(乌龙) 茶: 兰贵人茶

红茶: 通什红茶，岭头红茶

18. 重庆名茶大全

重庆代表名茶: 永川秀芽

绿茶: 永川秀芽，宝顶绿茶

黑茶: 重庆沱茶

부록 #4.
중국 육대차별 유명 차 목록

부록 #4. 중국 육대차별 유명 차 목록

1. 녹차(绿茶)

西湖龙井, 碧螺春, 六安瓜片, 信阳毛尖, 黄山毛峰, 都匀毛尖, 安吉白茶, 恩施玉露, 竹叶青, 毛尖茶, 太平猴魁, 日照绿茶, 峨眉雪芽, 崂山绿茶, 庐山云雾, 永川秀芽, 婺源毛尖, 采花毛尖, 安化松针, 金坛雀舌, 岳西翠兰, 宝洪茶, 仁化银毫, 南糯白毫, 古劳茶, 青岩茗翠, 桂东玲珑, 五盖山米茶, 江华毛尖

2. 백차(白茶)

白毫银针, 白牡丹, 贡眉, 寿眉, 老白茶, 福鼎白茶, 南山寿眉

3. 황차(黄茶)

蒙顶黄茶, 大黄茶, 霍山黄芽, 君山银针

4. 우롱차(乌龙茶)

铁观音，武夷岩茶，安溪铁观音，大红袍，人参乌龙茶，武夷肉桂，凤凰单丛，武夷水仙，白芽奇兰

5. 홍차(红茶)

祁门红茶，滇红茶，正山小种，金骏眉，宁红茶，川红茶，英德红茶

6. 흑차(黑茶)

千两茶，六堡茶，茯茶，安化黑茶，沱茶，普洱茶(普洱熟茶，普洱生茶)，七子饼茶，老班章

참고 자료

참고 자료

참고 문헌

陈宗懋.〈中国茶叶大辞〉. 中国轻工业出版社. 2005.05.

屠幼英.〈茶与健康〉. 世界图书出版公司. 2011.02.

宛晓春.〈茶叶生物化学〉. 中国农林出版社. 2008.12.

徐晓村.〈茶文化学〉. 首都经济贸易大学出版社. 2014.03.

骆耀平.〈茶树栽培学〉. 中国农业出版社. 2008.05.

杨江帆.〈茶叶经营管理学〉. 中国农业出版社. 2014.02.

林金科.〈茶叶加工学〉. 中国农业出版社. 2022.11.

王建荣.〈茶道〉. 江苏科学技术出版社. 2016.01.

安徽农学院.〈制茶学〉. 中国农业出版社. 2010.10.

黄建安 , 施兆鹏.〈茶叶审评与检验〉. 中国农业出版社. 2022.06.

참고 중국대학MOOC

四川大学"中医养生与健康"

福建中医药大学"内经选读"

浙江大学"中国茶文化与健康"

湖南农业大学"中国茶道"

湖南农业大学"中华茶礼仪"

浙江农林大学"基础茶艺"

华中农林大学"茶叶加工学"

华中农林大学"茶营养与功能"

北京语言大学"中国茶文化"

福建农林大学"茶叶企业经营管理"

南京农业大学"茶叶品鉴艺术"

安徽农业大学"茶叶感官审评"

참고 웹페이지

百度学术: https://xueshu.baidu.com

中国知网: https://www.cnki.net

네이버 지식백과: https://terms.naver.com

한국연구정보서비스: http://www.riss.kr